Über die Autorin:

Brigitta James, gebürtige Bremerin, lebt seit 2013 in Arusha in Tansania. Sie ist mit einem Tansanier verheiratet und gehört zum tansanischen Mittelstand.

Im Jahr 2016 beschrieb sie in dem Buch "Kila kitu sawa. Mein tansanisches Tagebuch" ihre Erlebnisse in ihrer neuen Heimat.

Mit dem vorliegenden Buch veröffentlicht sie nun eine Fortsetzung.

Brigitta James

Episoden aus Tansania

Bibliografische Informationen der Deutschen Nationalbibliothek:
Die Deutsche Nationalbibliothek verzeichnet diese Publikation in der Deutschen Nationalbibliografie, detaillierte bibliografische Daten sind im Internet über dnb.dnb.de abrufbar.

TWENTYSIX – Der Selfpublishing- Verlag
Eine Kooperation zwischen der Verlagsgruppe Random House und BoD – Books on Demand

Copyright: 2018 Brigitta James

Herstellung und Verlag:
BoD – Books on Demand, Norderstedt

ISBN: **9783740744151**

A wie Anfang

Ursprünglich wollte ich dieses Buch „Feuilleton aus Arusha" nennen. Aber wer kann schon dem Buchhändler das Wort „Feuilleton" richtig buchstabieren, damit er es auch im Computer findet und bestellen kann? Und darum schreibe ich ja, damit mein Buch gekauft und gelesen wird.
Und was bedeutet Feuilleton überhaupt? In Wikipedia steht: „Das Feuilleton als journalistische Darstellungsform schildert in betont persönlicher Weise die Kleinigkeiten und Nebensächlichkeiten des Lebens und versucht, ihnen eine menschlich bewegende, erbauende Seite abzugewinnen".
Das ist genau das, was ich in meinem ersten Buch „Kila kitu sawa. Mein tansanisches Tagebuch." gemacht habe und auch in diesem Buch wieder.
Nach Fertigstellung des ersten Buches, dachte ich, ich hätte so ziemlich alles geschrieben, was es zu schreiben gibt. Aber schon nach kurzer Zeit, merkte ich, dass mir die Themen nicht ausgingen.
Außerdem ermutigten Freundinnen mich, weiter zu schreiben.
Was lag näher, als die Texte auf einem Blog zu veröffentlichen.
Doch viele Leute vergaßen meinen Blog, hatten keine Zeit oder keine Lust am Bildschirm zu lesen - und fragten weiter nach einem neuen Buch.
Und ich kann sie alle so gut verstehen, denn auch ich lese viel lieber ein Buch als einen Beitrag am Bildschirm.
So ist dieses Buch aus den schon veröffentlichten Blogbeiträgen, aber auch aus neuen Texten entstanden und ist allen meinen Freundinnen und Freunden gewidmet, die an meinem Leben hier in Tansania Anteil

nehmen.
Den Blog (www.brigittajames@wordpress.com) werde ich beibehalten. Ich werde zu den Kapiteln dieses Buches nach und nach Fotos einstellen, so dass man Buch und Blog nebeneinander lesen kann.

In diesem Sinne wünsche ich allen eine anregende Lektüre.
Und wer Lust hat, ist bei uns in Arusha herzlich willkommen.

Brigitta James,
im März 2018

Abschied von Elisabeth

Schon oft war ich auf Beerdigungen, auch gelgentlich bei einer „Msiba". Msiba wird es genannt, wenn man zum Trauerhaus geht und dort mit vielen anderen Nachbarn, Freunden oder Familienmitgliedern vor dem Haus sitzt und schweigt, oder sich über alles möglich unterhält, oder Kirchenlieder singt. Bisher waren die Verstorbenen Leute, die ich kaum kannte, Familienmitglieder von Freunden oder Nachbarn. Die Betroffenheit war nicht sehr hoch, es war einfach die gute Sitte, dass man sich sehen ließ.
Aber nun mußte ich leider eine Msiba (vielleicht kann man es mit Trauerzeit übersetzen) in unserer Familie und mit hoher Betroffenheit erleben.
Völlig unerwartet verstarb meine Schwägerin Elisabeth an einem Samstag. Sie wurde nur 32 Jahre alt. Sie lag eine Woche im Krankenhaus und wurde wegen einer Meningitis behandelt. Wir sollten Geduld haben, der Gesundungsprozess würde 4 Wochen betragen, sagten die Ärzte. Und plötzlich, von jetzt auf gleich, verstarb sie mittags, eine halbe Stunde nachdem James von seinem Besuch bei ihr nach Hause zurück gekehrt war. Wir saßen beide fassungslos da, bis sich nach einiger Zeit die Tränen ihren Weg bahnten.
Und kurze Zeit später bekam James schon einen Anruf von einem seiner Brüder. Man treffe sich in Elisabeths Haus, um alles weitere zu besprechen.
Elisabeth hinterläßt einen sehr netten Mann, ein zwölfjähriges Mädchen und einen sechsjährigen Jungen.
Als James in dem Stadtteil, in dem Elisabeth gewohnt hat, bei ihrem Haus ankommt, stehen schon jede Menge Plastik-Allzweck-Stühle im Hof zwischen den kleinen, ärmlichen Häusern. Der Bruder von Raimund,

Elisabeths Mann, hat sie besorgt. Das ist nicht schwer, überall kann man diese Stühle für kleinere und große Versammlungen und Feiern ausleihen.
Und ab jetzt kommen bis zum Beerdigungstag am Dienstag Tag und Nacht Nachbarn und Freunde zur Msiba. Die Schwestern und Freundinnen wehklagen im Haus. Alle anderen Frauen und Männer sitzen draußen. Die Brüder und engsten Freunde sitzen zusammen und organisieren und rechnen was die Beerdigung kosten wird. Der Sarg, die Totenkleidung und vorallem das viele Essen, das gebraucht wird.
Denn ab nun sitzen auch viele Frauen mit großen Kochtöpfen im Hof und kochen Tag und Nacht auf großen Holzfeuern Tee und schlichtes Essen wie leicht gewürzten, trockenen Reis. Damit werden vorallem die Familienmitglieder und nahen Freunde versorgt, die Tag und Nacht hier sitzen und wachen und auch manchmal hier im Sitzen schlafen.
Ich bin zuhause und bereite Essen und Betten für die anreisenden Familienmitglieder aus Daressalam und Shinyanga, der Heimatregion der Familie am Lake Victoria vor.
Nachdem die Kostenkalkulation gemacht ist, wird von allen Leuten rund herum Geld gesammelt. Und es kommen – Gott sei Dank – große Summen zusammen, so daß der Berg für uns nicht zu hoch ist.
Am Sonntag und Montag reisen die Familienmitglieder von weither an. Die meiste Zeit verbringen auch sie bei der Msiba. Die Nächte sind sehr kalt, und eigentlich auch die Tage. Es ist unsere kalte Zeit und den ganzen Tag über ist es grau, kaum zeigt sich die Sonne. Auch der Hof und die ärmlichen Häuser sind grau. Die Betroffenheit und Trauer ist groß.
Und trotzdem. Man hat sich lange nicht gesehen und es gibt auch viele Neuigkeiten zu erzählen.

Immer wieder sitzen die Geschwister von Elisabeth und die Familie von Raimund zusammen. Man bespricht den Beerdigungsablauf und macht sich Gedanken über die Zukunft der Kinder. Der kleine Sechsjährige scheint nicht wirklich zu begreifen, was passiert ist und spielt zwischen den Leuten mit seinen Freunden Fußball. Das zwölfjährige Mädchen vergißt auch manchmal ihre Trauer und ist fleißig damit beschäftigt, beim Kochen zu helfen.

Am Dienstag morgen, dem Beerdigungstag, sind wir mit vielen anderen Leuten beim Leichenhaus des Krankenhauses, wo die Toten aufbewahrt werden. Die Frauen gehen hinein und waschen die Tote, kleiden sie in ein weißes Gewand und legen sie in einen mit Messing beschlagenen sehr schönen Holzsarg. Nun wird der Sarg von den hereingerufenen Männern nach draußen getragen. Es folgt ein Gebet, dann wird der Sarg mit einem Holzkreuz, auf dem Name und Daten von Elisabeth stehen auf einen geschmückten Pick Up gehoben. Viele junge Männer steigen mit hinauf und nun geht es im Auto - Konvoi zu Elisabeths Haus. Es ist üblich hier, dass die Toten noch einmal kurz nach Hause gebracht werden. Der Sarg kann nicht ins kleine Haus getragen werden, wie es eigentlich sein sollte, weil alles zu schmal und verwinkelt ist. So steht er kurze Zeit im Hof. Die graue triste Wand ist jetzt mit Tüchern in weiß und lila geschmückt und alles sieht etwas weniger ärmlich aus. Der Sarg wird von der Familie umrundet, die zu einem weiteren Gebet zusammen gekommen ist. Der traurige Witwer hält tapfer das Holzkreuz. Alle Brüder und Männer der beiden Familien tragen schwarze Anzüge. Die Frauen tragen die traditionellen tansanischen langen Röcke mit einem Kanga um die Schultern gewickelt, ein buntes tansanisches Stofftuch. Die Frauen der Familie und

engen Freundinnen tragen alle die gleichen bunten Kleider unter ihrem Kanga. Das ist die bei den Tansaniern beliebte „Uniformierung". So gibt man sich als besonders dazugehörig zu erkennen.
Nach dem Gebet im Hof wird der Sarg wieder auf den Pick Up gehoben und es geht im Auto – Konvoi oder zu Fuß zur nahe gelegenen lutherischen Kirche zur Trauerfeier.
Die Kirche ist bis zum letzten Platz gefüllt. 2000 (!) Leute drinnen und noch mal mindestens 500 Leute draußen. Am Beerdigungstag zur Trauerfeier oder zur Beerdigung selbst oder zur ganzen tagfüllenden Zeremonie zu erscheinen ist ein „Muss".
Die Familie von Elisabeth nimmt vorne im Kirchenschiff beim Sarg Platz. Es gibt eine Männer- und eine Frauenseite.
Der Sarg ist zur Hälfte geöffnet, so daß man das Gesicht von Elisabeth sehen kann. Ich denke immer, dass Elisabeth jeden Moment die Augen öffnet und aufsteht. Sie war und ist noch jetzt eine sehr hübsche Frau und das weiße Kopftuch aus einem Spitzenstoff steht ihr richtig gut.
Und nun ist es Zeit, dass die Leute reihenweise nach vorne kommen, den Sarg umrunden und ein letztes Mal Elisabeth anschauen können. So viele Leute, erst die von drinnen, dann die von draußen, dann immer wieder Nachzügler. Das Ganze dauert bestimmt mehr als eine Stunde. Manche werfen nur einen kurzen Blick auf das Gesicht der Verstorbenen, andere bleiben kurz stehen und noch andere verbeugen sich leicht vor ihr.
Als wirklich der Allerletzte Gegenheit zum Gucken hatte, ist die Familie mit den nahen Freunden und Nachbarn dran.
Erst die Frauenseite. Es stehen plötzlich vier starke Männer bereit und gleich kann ich erleben warum. Es

herrscht beim Umrunden plötzlich lautes Heulen und Wehklagen, manche Frauen scheinen in Ohnmacht zu fallen und müssen von den Männern und einigen Freundinnen auf ihre Plätze zurück getragen werden. Ich glaube schon, daß es echte Trauer ist, aber ein bißchen „Show" scheint mir auch dazu zu gehören. Als die Männerseite dran kommt, fließen auch Tränen, aber stillere Tränen.
Und nun kann endlich der Gottesdienst losgehen. Der Pastor mit Kirchendienern zieht ein. Der Sarg wird mit einem Gebet geschlossen, ein kurzer Lebenslauf von Elisabeth wird verlesen und dann beginnt ein normaler einstündiger, lutherischer Gottesdienst mit einer langen engagierten Predigt. Die Predigt ermahnt uns zur Umkehr und einem gott-gefälligen Leben angesichts des auch ganz plötzlich eintreten könnenden Todes. Und dann geht es schließlich zum Friedhof. Der Sarg wird wieder auf den Pick Up gehoben, jungen Männer sitzen darum herum. Der Pick Up wird von einem Konvoi von überfüllten Autos und angemieteten Kleinbussen begleitet.
Die meisten Leute werden auf ihrem eigenen Grundstück oder einem Familiengrundstück beerdigt. Da Elisabeth und ihr Mann kein eigenes Grundstück haben, wird sie auf dem riesigen Friedhof der Stadt Arusha etwas außerhalb der Innenstadt beigesetzt. Diese Prozedur geht ziemlich schnell vonstatten. Der uns begleitende Pastor spricht ein Gebet, der Sarg wird in das ausgeschaufelte Grab gelassen und alle warten während starke, junge Männer das Grab wieder zuschaufeln. Als das geschafft ist, drängen die vielen Leute, die mitgekommen sind, zum Grab, um einzelne Rosen darauf zu stecken. Der „Master of Celebration", der uns schon durch den ganzen Tag mit präzisen Anweisungen führt, ruft uns Angehörige nun

familienweise ans Grab, um Kränze abzulegen. Die Menschenmasse ist so groß, James und ich kommen kaum durch, als wir aufgerufen werden. Wir standen aber auch ziemlich weit hinten und konnten auch von der Zeremonie am Grab nichts sehen. Da sind Tansanier nicht so rücksichtsvoll. Es wird viel gedrängelt und geschoben.
Das Grab ist nun voller Kränze und Blumen. Die Leute gehen zurück zu den Autos, während wir als große Familie noch bleiben, um das Grab anzuschauen und ein Foto von uns allen am Grab zu machen. Niemand wird jemals wieder zu diesem Grab gehen. Die Blumen und die vielen Plastik-Schmuckbänder werden verwesen und alles wird so bleiben. Niemand räumt auf, niemand pflegt. Manche Familien stellen noch einen Grabstein auf, die meisten belassen es bei den Holzkreuzen.

Wir sind inzwischen zurück im Hof vor Elisabeths Haus.
Immerhin läßt man uns hier als Familie Platz in den vorderen Stuhlreihen, die inzwischen im Hof und jeder verfügbaren angrenzenden freien Fläche aufgestellt sind.
Der Pastor mit seinen Kirchendienern ist auch zurück. Nun gibt es noch mal eine kleine, tröstliche Ansprache und ein letztes Gebet.
Und dann wird, wie bei jeder Beerdigung üblich, das Essens - Buffet eröffnet. Der Master of Celebration sagt genau an, wer wann von den immer noch Hunderten von Gästen, zum Buffet gehen darf. Es gibt Reis und Fleisch mit Soße sowie ein Maisgericht. Schlicht, aber sättigend.
Und nun ist es schon 18.00h und Zeit nach Hause zu gehen.

Aber noch ist die Msiba, die Trauerzeit, nicht zuende. Auch heute abend und in der Nacht bleiben Leute beim trauernden Witwer und seinen tapferen Kindern. James geht am nächsten Morgen zusammen mit den Gästen, die in unserem Haus geschlafen haben, auch wieder hin. Bis zu drei Tagen nach der Beerdigung kann man noch auf diese Weise zusammen bleiben. In diesem Fall sollen es nur zwei Tage sein. In diesen Tagen hat noch jeder, der von der Verstorbenen etwas zu fordern hat (Geld, geliehene Sachen), die Möglichkeit sein Eigentum zurück zu fordern. Dann wird abgeschlossen. In diesen zwei Tagen soll auch eine Lösung für die Betreuung der Kinder gefunden werden. Dies stellt sich allerdings als nicht so einfach heraus. Die Lebensbedingungen sind auch hier nicht mehr so, das mal eben zwei Kinder zusätzlich betreut und versorgt werden können. Die Oma wird gebeten, den ersten Monat im Haus von Raimund und den Kindern zu leben. In dieser Zeit soll er sich eine fähige Haushaltshilfe suchen, die auch die Kinder beaufsichtigt und versorgt. Hoffentlich findet er eine gute Frau. Waährend der Trauerfeier wurde auch Geld für Raimund gesammelt und es kam viel Geld zusammen. So hat er wenigstens etwas Kapital, um eine Haushaltshilfe erstmal zu bezahlen.

Am Tag Nummer zwei nach der Beerdigung gehe auch ich wieder mit. Wir sollen gegen 11.00h da sein, um 12.00h soll eine Andacht mit einem Kirchenvertreter sein, um die Angelegenheit zu beenden. Wir sitzen wieder im tristen Hof. Die schmückenden Stoffe sind verschwunden. Drinnen im Haus sind viele Frauen und räumen Elisabeths Kleider aus den Schränken, sie werden an alle Leute zum Schluss des Tages veteilt werden. Andere Frauen kochen schon wieder im Hof. Die angekündigte Andacht findet allerdings erst um

14.00h statt. Keine Ahnung warum. Bis dahin sitzt man rum, erzählt sich was, wenn es noch was zu erzählen gibt, nach den viele Tagen des Zusammensitzens. Nach der Andacht wird gegessen. Und schließlich am Abend, ich bin schon wieder zuhause, wird Raimund als Zeichen, dass das normale Leben wieder beginnt, in eine Bar gebracht. Hier gibt es Softdrinks und das so beliebt Barbecue, gebratene Fleischstücke. 25 Leute sind mitgekommen. Abends um 21.00h löst sich die Runde auf, Raimund und die Kinder werden nun wieder alleine schlafen, kochen und leben. Und hoffentlich auch bald wieder zu ihrer Lebensfreude zurückkehren können. Die Familie, Freunde und Nachbarn haben ganz handfest ihre Solidarität und Nähe gezeigt, und freuen sich jetzt auch wieder auf ihren Alltag.

Achtsamkeit

Achtsamkeit ist ein viel strapazierter Begriff.
Ich glaube, das mit der Achtsamkeit kriege ich schon
ganz gut hin. Ich bin aufmerksam zu meinen Gedanken,
Gefühlen und meinem Befinden - und zu meiner
engeren Umgebung.
Aber bevor ich das weiter ausführe, will ich mal wieder
von einer Feier erzählen.
Vor ein paar Tagen kam eine meiner Nachbarinnen,
Mama Editha, zu mir und lud mich zur „Mbesi" ein.
„Mbesi" kann man nicht übersetzen, heißt so was wie
„Enkelkind gucken" - so dachte ich. Das Baby
bekamen wir aber nicht zu Gesicht. Und ich war so
naiv, daß ich dachte, ich gehe mit Mama Editha, meiner
Nachbarin Nezia und vielleicht noch 10 anderen Frauen
zu Editha, ihrer Tochter, Mutter des Babys, ins Haus.
Nein, weit gefehlt, wir waren mehr als 500 Frauen!
Männer waren nicht eingeladen.
Aber der Reihe nach. Wir Frauen aus der engen
Nachbarschaft sollten uns um 13.00h bei Mama Editha
zuhause sammeln. Dass diese Zeit keine exakte Zeit ist,
wußte ich. Nezia holte mich mit einer anderen
Nachbarin um 14.00h ab. Bis 15.30h saßen wir in
Mama Edithas Hof rum.
Dann kam ein Pick-Up, der mit Sachen von Mama
Editha voll geladen wurde: Kanister mit Öl zum
Kochen, Mehlpakete in riesigen Gebinden, Holzkohle-
Säcke, Kartoffelsäcke, Waschpulver in Massen,
Kochbananen, und einiges mehr.
Wir drängten uns dann mit 22 Frauen in einen Minibus.
Noch ein zweiter wurde vollgepackt mit Frauen und
dann ging es endlich los. Nach ca. 20 Minuten Fahrt,
kamen wir an.
Die Feier fand draußen auf dem Grundstück und den

Ländereien von Editha, ihrem Mann und dessen Familie statt.
Keine Feier ohne feste Rituale und ohne MC (Master of Celebration). Es war wieder die MC-Frau von Edithas Send-Off-Feier verantwortlich, über die ich in meinem Buch „Kila kitu sawa" schon geschrieben habe. Sie hatte mir damals gut gefallen. Nun fand ich sie echt überzogen. Es ging am Anfang lange Zeit darum, wie toll und wie schön wir Frauen sind. Immer mußten wir mit lauten Bekräftigungen und Klatschen zustimmen. Als nächstes gab es Wolldecken von Mama Edithas Familie an die Familie des Ehemannes. Da jedes Großfamilien – Mitglied einzeln vortreten mußte und die Decken in Empfang nehmen mußte, zog sich das schon ganz schön hin. Kurz erschien Edithas Mann, der Vater dieses Babys. Er bekam drei Massai-Tücher umgelegt, denn schließlich sind beide Familien Massais, zwar Stadt-Massais, aber trotzdem den Traditionen nicht abgeneigt.
Dann bekamen wir kurz Editha zu Gesicht, die uns kurz begrüßte und dann wieder ging.
Schließlich und endlich gab es sehr gutes Essen.
Und danach mußten wir Gäste dickes Geld geben!
Die geladenen Gäste von Seiten des Mannes von Editha saßen links. Sie legten wie üblich ihren Obolus in einen Spendenkasten, den die Mutter des Mannes auf dem Schoß hielt.
Unsere Seite, die Gäste von Mama Editha, wurde anders behandelt. Die MC-Frau kam mit dem Mikrophon zu jeder einzelnen der vielen, vielen Frauen an die Tische. Jede mußte nun ihren Namen ins Mikrophon sagen und wieviel sie spendet.
Was da für dickes Geld gemacht wurde! Ich hatte auf James Anraten 20.000 Tansanische Schillinge mit. Damit lag ich am unteren Ende. Aber die 20.000 waren

die Feier nicht wert. Ein vertaner Nachmittag. Es war schließlich 19.00h und Nezia und ich beschlossen uns im Schatten der Dunkelheit abzusetzen, ohne das Ende der Feier abwarten. Ich habe James angerufen, der uns mit unserem Auto abgeholt hat. Bis die Minibusse zurück gefahren wären, hätte es bestimmt noch Stunden gedauert. Und dann hätten sich alle um die Plätze gestritten. Nee! So was nicht wieder! Diese Tradition sollen sie mal schön alleine pflegen! Mir erschließt sich der Sinn nicht.
Aber nun zurück zur Achtsamkeit. Wenige Tage später habe ich beim Lesen in einer Zeitschrift einen Gedankenblitz bekommen. Es ging mal wieder um Achtsamkeit. Dort hieß es, Achtsamkeit sei eine Qualität des Geistes, mit der er wahrnimmt, was gerade geschieht – und nun kommt es – ohne zu bewerten oder gar einzugreifen. Wenn wir nicht sofort urteilen würden, wenn wir die Sichtweisen und Erfahrungen des anderen genauso gelten lassen könnten wie unsere eigenen, dann wäre das einfacher und liebevoller.
Wenn ich das beherzigt hätte, hätte ich auch den Nachmittag der Mbesi besser überstanden.
Wenn ich mich nicht über einen vertanen Nachmittag und die Geld-Abzocke geärgert hätte, wenn ich statt zu bewerten, der Kultur der Anderen einfach zu geguckt hätte, wäre es mir besser gegangen.
Dies war für mich eine starke Lektion für das Leben in einer fremden Kultur!

Adoptionen

Bei uns in der Nähe ist ein ein sehr schönes, großzügiges Haus auf einem großen Grundstück mit großem Garten und herrlichem Blick auf die umliegenden Berge gebaut worden. Immer, wenn wir auf unseren Spaziergängen daran vorbei kamen, rätselten wir, was das wohl für ein Haus werden wird. Appartementhaus für Weiße? Ein Touristenhotel? Jedenfalls sah es mit seinem orangefarbenen Anstrich sehr einladend aus. Und nun war es offensichtlich fertig.
Ein Schild mit der Aufschrift „Neema Baby Home" gab Auskunft. Und ein zweites „Visitors welcome" ermutigte meine Freundin Rose und mich zu einem Besuch. Im Vorfeld hatte Rose schon andere Nachbarn über das Baby-Haus befragt, die ihr sagten, dass hier Babys zur Adoption vermittelt werden. James meinte, das kann nicht sein, Tansanier adoptieren keine Kinder.
Bei unserem spontanen, unangemeldeten Besuch wurden wir unkompliziert und freundlich empfangen. Allerdings mußten wir erstmal umtändlich Papiere ausfüllen. Name, Telefonnummer, um wieviel Uhr wir gekommen sind, wie lange wir zu Besuch bleiben wollen.
Ja, weiß ich doch nicht, wie lange das hier dauert? Das irritierte mich schon.
Und dann mußten wir Fragen beantworten, die ich aus Deutschland kannte, wenn Freiwillige oder Professionelle mit Kindern arbeiten wollen, gemäß dem Kinderschutzgesetz. Ob wir schon mal kriminelle Handlungen mit Kindern begangen haben? Ob wir jemals mit dem Gesetz in Konflikt gekommen sind? Eigentlich wollten wir doch nur wissen, was „Neema Baby Home" ist!

Im Gespräch stellte sich heraus, dass Gäste wie wir ganz schnell zu regelmäßigen Besuchern werden können, die zum Spielen mit den Kleinkindern und Füttern der Babys kommen. Zur Zeit waren 43 Babys und Krabbelkinder in vielen Babybettchen in drei großen Schlafräumen untergebracht. Daneben gab es großzügige Spielzimmer mit Spielsachen und draußen einen schönen Spielplatz.

Als alle Papiere ausgefüllt waren, mußten wir die Hände desinfizieren und dann startete endlich ein sehr informativer Rundgang, bei dem man auch das ein oder andere Baby oder Krabbelkind auf den Arm nehmen durfte. Die uns begleitende Sozialarbeiterin sagte auf meine Frage, ob die Kinder nicht durch die vielen verschiedenen Besucher irritiert seien, ein Kind könne niemals genug Wärme und Liebe bekommen, und das erhielten sie so zusätzlich zu ihren fest angestellten, professionellen „Nannys".

Und ich erhielt nach und nach die Informationen, die mich interessierten.

Die Krankenhäuser in Arusha vermitteln in diese von Amerikanern gegründete und geleitete Institution Neugeborene, deren Mütter bei oder nach der Geburt sterben. Dies passiert hier leider noch sehr häufig. Im „Neema House" werden die Neugeborenen gut aufgenommen und auch von einer Ärztin medizinisch versorgt.

Nun ist es das oberste Ziel, die Kinder wieder in die eigene Familie zurück zu bringen. Nach der Beerdigung der Mutter und der Versorgung der anderen Kinder, wenn die Familie wieder etwas zur Ruhe gekommen ist, gelingt das auch oft.

Ja, und für die anderen Babys wird eine Adoptivfamilie gesucht.

Auf meine erstaunte Frage, ob es denn Bedarf in

Tansania gäbe, wurde uns erzählt, dass viele Paare kommen, deren Kinderwunsch unerfüllt bleibt. Und in Tansania ist Kinder-Bekommen sehr, sehr wichtig. Oft werden Frauen, die nicht schwanger werden, vom Mann verlassen und wieder nach Hause zurück geschickt. Es ist eine echte Not, nicht schwanger zu werden. An wem das liegt, das ist hier uninteressant. Die Frau hat in jedem Fall das Problem.

Diese Paare gehen dann zur „Social Welfare", eine Art Sozialamt und erhalten von der Sozialarbeiterin, einen Brief mit dem sie zum „Neema House" kommen. Die Sozialarbeiterin des Neema - Hauses erzählt uns, dass die Paare versuchen, Babys zu finden, die den zukünftigen Eltern sehr ähnlich sehen. Dass das Baby adoptiert ist, wird verheimlicht. Es wird dann als eigenes Kind ausgegeben. Und nun verstehe ich auch, warum es in Tansania „eigentlich" keine adoptierten Kinder gibt! Und wie schön, dass es das doch gibt. Und wie schön, dass sich Menschen, wie die Angestellten oder regelmäßige Besucher, sich mit sehr viel Liebe diesen Babys widmen und sie dann auch wieder loslassen, wenn für sie eine Familie gefunden ist.

Neema ist übrigens ein Kisuaheli-Wort und heißt „Barmherzigkeit" und soll an die Barmherzigkeit Gottes erinnern.

Altkleider

Braucht jemand neue Kleidung, findet er sie in kleinen Läden, an Marktständen oder von den „Machingas", den Verkäufern, die zu Fuß durch die Gegend ziehen und die Kleidung über dem Arm oder auf dem Kopf tragen und anbieten.
Diese „neuen Kleider" sind in der Regel Altkleider aus Europa. Manchmal, besonders wenn sie in den Läden verkauft werden, sind sie gewaschen und gebügelt und manchmal weiß man nicht, ob gebraucht sind oder neu. Gerade neulich habe ich für James ein sehr schönes Sakko gekauft, innen mit dem Label von C+A.
Eine gute Bekannte von uns handelt mit diesen „Altkleidern", wie wir sie ja nennen, auf Märkten. Auf einem speziellen Textilmarkt kauft sie einen festgepreßtes Ballen nach Kilopreis. Sie weiß nicht was drin ist, außer Kinder- Kleidung, Damen-Kleidung oder Herrenkleidung.
Nach dem Kauf öffnet sie den Ballen und sortiert. Jeden Tag steht sie auf einem anderen Markt in der Umgebung von Arusha, wo sie jeweils an den Markttagen einen Tisch gemietet hat. Am Abend schnürt sie ihre Bündel und dann werden sie von einem kleinen Transporter abgeholt, die Bündel werden trocken gelagert und am nächsten Morgen in aller Frühe zum nächsten Marktort gefahren. Kommt sie dann am Morgen dort an, nimmt sie ihr Bündel wieder in Empfang. Ein geniales System!
In letzter Zeit suchen wir sie oft vergeblich, wenn wir mal auf den Markt gehen. Sie sagt, die Qualität der Ware aus Europa sei so schlecht geworden, dass sie kaum Sachen in den Bündeln findet, die sie zu einem einigermaßen guten Preis verkaufen kann. Außerdem gibt es auch nicht mehr ausreichend Kleidung im

Angebot, was die Bündel sehr teuer macht.
Ich erzähle ihr von der Diskussion in Deutschland, dass gesagt wird, mit unseren Altkleidern würden wir die Textilindustrie in afrikanischen Ländern kaputt machen und Altkleider sollten nicht mehr ins Ausland gelangen. Sie guckt verwundert und sagt, „unsere Textilindustrie ist aus anderen Gründen kaputt gegangen und es ist politisch nicht gewollt, sie wieder aufzubauen. Wir haben veraltete Maschinen, schlechte Stoffqualität und ständig Stromabschaltungen.
Auch wir möchten gute Qualität und schönes Design, das liefert uns die heimische Industrie sowieso nicht. Wenn es keine guten Altkleider aus Europa mehr gibt, müssen wir chinesische, synthetische Kleidung verkaufen, die keiner haben will. - Und ich werde meine Arbeit los und habe kein Einkommen mehr. Inzwischen übersteigt an manchen Tagen die Gebühren für den Transport schon meine Einnahmen."

Anything can happen

James fährt in die drei Stunden entfernte Stadt Karatu. Er wurde von einem Freund angerufen, der eine Autopanne hat und der nun ein bestimmtes Ersatzteil braucht, das es in der dortigen Autowerkstatt nicht gibt. James ruft schnell noch einen Freund an und bittet ihn, ihn zu begleiten. Kein Problem.
Dieser Freund ist auch meistens mit ihm zusammen, wenn er in der Stadt unterwegs ist oder wenn er mit dem Safari-Auto in der Werkstatt ist. Hat dieser Freund oder ein anderer keine Zeit, dann muß meistens eines unserer Kinder mit. Man ist nicht gerne alleine unterwegs.

Muß man zum Flughafen, der eine gute Stunde entfernt, außerhalb Arushas liegt, kommt immer noch jemand anderes mit. Für uns ist das ungewohnt, immer noch jemanden im Schlepptau zu haben. Inzwischen habe ich mich daran gewöhnt. Sogar wenn wir mal etwas weiter auswärts essen gehen oder auf einen Massai-Markt gehen, immer kommt noch jemand mit. Inzwischen finde ich es sogar ganz schön, denn es ist sehr unterhaltsam. Kündigt sich tansanischer Besuch aus einer anderen Stadt an, kann ich sicher sein, er oder sie bringt noch jemnden mit. Eine Verwandte, ein größeres Kind oder das Hausmädchen. Als ich James frage, warum man das so macht, sagt er: „anything can happen", es kann immer was sein. Ohne genau zu benennen, was. Eine Reifenpanne. Oder ein anderes Autoproblem. Der Reisebus bleibt auf der Strecke liegen und man muß neben dem Bus sitzen und viele Stunden auf einen Ersatzbus warten. Meistens ist nichts. Tansanier sind einfach nicht gerne alleine. Und sie hören und erzählen gerne Geschichten. „To make Stories". Das ist tatsächlich die Lieblingsbeschäftigung.

Arusha City

Nun werfen wir einen Blick in die Geschichte Arushas und begeben uns auf einen visuellen Stadtrundgang. Aber ich will mit einem kleinen Vorspann beginnen: Einmal pro Woche kommen zwei Safariguides zu mir, um ihre gelernten Deutschkenntnisse zu vertiefen. Es geht neben kleinen grammatikalischen Übungen vor allem ums Sprechen und Verstehen! Nun braucht man auch Themen, um darüber sprechen zu können, und eines ist Deutschland. Eine Freundin hat mir zu Anfang dieses Jahres einen Wochenkalender mit Fotos von Orten und Städten in Deutschland geschenkt. Es sind mindestens 52 Fotos. Manche Woche habe ich schnell überblättert – Schneebilder, seien sie auch noch so romantisch, finde ich ganz fürchterlich. Aber dann gibt es wieder diese herrlichen Städteansichten von kleinen und großen Städten und ich denke: „Deutschland ist ein schönes Land." Für unsere Konversation haben wir nun diesen Kalender geholt und blättern darin und sprechen über die Fotos. Dabei fällt mir auf, dass meinen beiden Schülern vieles sehr fremd ist. Gestern schauten wir uns per Zufall Schloss Weilheim an der Lahn an. Auf einem Bergrücken über dem Fluß trohnte das Schloss. Sie konnten es als „ein Gebäude" benennen, dachten es ist vielleicht eine Schule. Was ein Schloß ist, davon hatten sie noch nie gehört. Das Haus des Königs! Ah ja! Auch die verschiedenen Volksgruppen Afrikas kennen Könige aus der Vergangenheit. Auch dieser König hat ein besonderes Haus. Aber die Könige und ihre Häuser sind verschwunden!
So bedurfte dieses Foto einiger Erklärungen. Aber Deutschland hat so viele Burgen und Schlösser (wie erklärt man einem Tansanier eigentlich diesen

Unterschied?), dass man sie nicht ignorieren kann, nicht einfach überblättern kann.
Auf dem Foto war auch eine sehr alte Brücke über die Lahn zu sehen. Als ich über das Alter spekulierte, vielleicht 100 Jahre alt, war auch hier das Erstaunen groß. Mir wurde mal wieder deutlich, daß es hier vor 100 Jahren noch ganz anders ausgesehen hat. Was werden sie erst sagen, wenn wir zu Fotos von Altstädten kommen, auf denen noch ältere Häuser und Kirchen zu sehen sind, die 1000 Jahre alt sind.
Ich mache diesen langen Vorspann, um mir selber, aber auch dem Leser in Erinnerung zu rufen, dass wir von sehr unterschiedlichen Voraussetzungen ausgehen, wenn wir über afrikanische Städte sprechen. Und ich will heute von Arusha erzählen.
Afrikanische Städte sind auf den ersten Blick für uns nicht „schön". Wobei ich mit meinen Schülern auch den Begriff „schön" diskutiert habe, als ich sagte, Deutschland ist so ein schönes Land. Was meinen wir damit? Sauber, archtitektonisch durchdacht, wohlproportioniert (wenn man mal von den 70ziger Jahre Kaufhausbauten in unseren Innenstädten absieht), heile Fassaden (natürlich mit Ausnahmen),.... Was ist eine schöne Stadt?
Arusha ist es auf den ersten Blick jedenfalls nicht. Aber wenn man näher hinguckt, kann man schöne Ecken finden.
Arusha wurde 1830 gegründet. Es etablierte sich als Handelsplatz der Massai, die mit ihren Viehherden herum ziehen, und denen vom Volk der Massai, die auf Ackerbau umgestiegen waren, die dann die Waarusha hießen. Nach den Waarusha wurde dann die Stadt benannt.

1894 wurde das „Arusha Hotel" gebaut, denn obwohl

die Stadt noch unbedeutend und nicht entwickelt war, zog sie Reisende an. Dieses Traditionshotel findet sich nach Neubau Mitte des 20. Jahrhunderts noch immer an dieser Stelle am Eingang zur Innenstadt.

1896 nahmen die deutschen Kolonialherren nach einem Kampf mit der Bevölkerung Arusha ein und bauten ein Fort, das „German Boma". Arusha wurde Garnisionsstadt und Verwaltungssitz Heute ist hier ein Museum eingerichtet.

1916 wurde Arusha von den Briten eingenommen. Und deshalb darf ein „Clocktower" auch nicht fehlen, wenn er auch nicht so beeindruckend wie „Big Ben" in London ist.

Ein weiteres Wahrzeichen der Stadt ist „Uhuru Torch". Die Freiheits-Fackel zur Erinnerung an die Unabhängigkeit 1961. Nach Unterzeichnung der Unabhängigkeitserklärung wurde eine Fackel auf den Kilimandscharo getragen. Das Denkmal erinnert daran.

Ein weiterer sehenswerter Platz ist natürlich der „Soko kuu", der Hauptmarkt. Zwei weitere große Märkte versorgen die Stadt.

1967 bis 1977 war Arusha Sitz der ostafrikanischen Gemeinschaft. In dieser Zeit wurde das AICC, das Arusha International Conference Center gebaut, in dem von 1995 bis 2012 der Internationale Strafgerichtshof für Ruanda arbeitete.

Die Ostafrikansiche Gemeinschaft hat später einen neuen Anlauf genommen. Für den Sitz der Gemeinschaft hat ein Karlsruher Architekt ein modernes Gebäude gebaut, das 2012 eröffnet wurde.

Arusha liegt am Fuß des zweithöchsten Bergs von Tansania, dem Mount Meru (4.565m hoch) auf einer Höhe von 1.400 Meter. Diese Höhe sorgt dafür, dass Arusha immer ein angenehmes Klima mit kühlen Nächten hat.
Arusha Stadt hat rund 500.000 Einwohner, zusammen mit den Dörfern der ganzen Region kommen wir auf 1 Million Einwohner.
Neben Daressalam ist Arusha ein anderer wichtiger Industriestandort. Hauptsächlich werden Rohstoffe wie Kaffee, Mais, Sisal und Kokosfasern verarbeitet sowie Schnittblumen für den Export gezogen. Es gibt eine große Brauerei und den Handel mit Tansanite, dem blauen kostbaren Edelstein.

Aber viel wichtiger ist für Arusha der Tourismus. Arusha liegt vor den Toren diverser Nationalparks wie Arusha Nationalpark, Tarangire Nationalpark, Lake Manyara Nationalpark, der Ngorongoro Conservation Area und der Serengeti.
Nur 45 km entfernt liegt der Kilimanjaro International Airport.

Wer einen Stadtrundgang machen möchte, dem sei diese Route empfohlen:
Start am Clocktower.
Weiter geht es die Straße hinauf zum German Boma.
Um die Ecke geht es zum AICC (Arusha International Conference Center). Direkt nebenan befindet sich der neue Sitz der East African Community.
Nun geht es ein Stück zurück. Man folgt der Hauptstraße bis zur Uhuru Torch.
Und nun ist es nicht mehr weit zum quirligen Hauptmarkt, dem Soko Kuu, dem Ende der Tour.

Besuch aus der tansanischen Provinz

James kam mit seinen Eltern und Geschwistern im Alter von 8 Jahren nach Arusha, weil sein Vater hier Arbeit gefunden hatte. Die Wurzeln der Familie sind im Sukuma-Land in Kahama nicht weit vom Lake Viktoria. Und ein großer Teil der Verwandtschaft lebt noch dort.
Ich war noch nie dort. James sagt immer, ich würde einen Kulturschock dort bekommen, denn das Leben dort sei sehr ländlich und sehr traditionell. Auch James Kinder waren noch nie dort und er selber zuletzt vor vielen Jahren eine Nacht auf der Durchreise.
Die Verwandtschaft ist da reisefreudiger. Immer wieder mal taucht der eine oder andere zu Besuch bei uns auf. Meistens kommen sie zu einer Hochzeit oder Beerdigung hierher. Schon oft habe ich mit den Onkels von James telefoniert, die sich in schöner Regelmäßigkeit melden und dann auch mit mir sprechen wollen. Auf Kisuahli natürlich, denn Englisch kann dort keiner.
Vor wenigen Wochen tauchte nun Daudi auf. Ein 22jähriger junger Mann. Er hatte in einer kleinen Stadt am Lake Victoria eine einjährige Ausbildung als Safariguide gemacht. Nun sollte er hier nach Arusha zum Hauptquartier der Tansanischen Nationalparks kommen, um einen dreimonatigen Praktikumsplatz bei den Rangern in einem der Nationalparks zu finden. Das stellte sich als ziemlich schwierig heraus und brauchte ca. 8 Wochen bis er uns mit dem Ziel Praktikum in der Serengeti wieder verließ.
Ich glaube allerdings, dass er in den 8 Wochen bei uns, sehr viel von dem gelernt hat, was ein Guide können muß. Ganz offensichtlich fing es erst mal damit an, dass er durch mich den Umgang mit Weißen, unserer

Direktheit und Ehrlichkeit, üben konnte. Aber wie es aussieht, mochte er mich.
Schwer war ihm allerdings die Verständigung mit mir in Englisch. In seiner Safariguide-Schule wurde Englisch gesprochen und unterrichtet, aber mir scheint, er hat nicht viel verstanden. Anfangs stellte ich mich stur. Ich dachte, er will Guide werden, also soll er mal schön Englisch sprechen. Später zeigte ich aber Erbarmen und wechselte ins Kisuaheli. Auch ich bin ja immer noch am Üben, also warum nicht. Da unsere Gespräche am Tisch mit James und den Kindern allerdings vorwiegend in Englisch sind, lernte Daudi langsam dazu.
Er lernte noch so manche Dinge am Eßtisch. Zum Beispiel die Benutzung von Messer und Gabel. Ganz unauffällig kochte ich immer mal Sachen, wo es ohne Messer einfach nicht ging, und James half ihm geduldig. Die meisten Tansanier essen nur mit dem Löffel und in der Heimat von Daudi wird meistens nur mit den Händen gegessen. Etwas was ich langsam lernen mußte. Ist auch nicht so einfach! Ich glaube, es ist der Armut geschuldet, dass es in den meisten tansanischen Haushalten nur Löffel gibt, vielleicht ein oder zwei scharfe Messer zum Gemüse putzen und Fleisch schneiden.
Aber wer als Safariguide seine Gäste in luxuriöse Lodges begleiten will, muß perrfekt mit Messer und Gabel essen können, die Besteckfolge kennen und Rotwein- von Weßweingläsern unterscheiden können. Gut, dass James ihm helfen kann.
Was für Daudi auch ganz ungewöhnlich war, war mit Frauen am Tisch zu essen. In seinem Heimatdorf essen die Männer alleine und die Frauen und Kinder, was übrig bleibt. Wollte er nicht alleine essen, so mußte er sich wohl oder übel an meine Gegenwart am Tisch

gewöhnen. Hat auch gut geklappt. Als ich ihn allerdings fragte, wie er es denn später mal halten wolle, ob er mit seiner Frau zusammen essen wolle, sagte er dass er doch lieber seiner Tradition folgen wolle. Na, wir werden sehen!
Eines Morgens mußte es schnell gehen. Es war keine Zeit für Zwei von uns Kaffee zu kochen und für Zwei Tee. Also stellte ich heißes Wasser, löslichen Kafee und Teebeutel auf den Tisch.
Daudi wußte mit dem Teebeutel nichts anzufangen. Er wollte ihn aufreißen und den Tee lose in die Tasse schütten. Der arme Daudi, ich glaube, er hatte vieles zu verarbeiten.
Aber auch Schönes. In der Silvesternacht, sah er zum ersten Mal Feuerwerk, ein guter Jahresanfang.
Wir reden natürlich auch viel über Deutschland und Europa, ferne Welten für Daudi. Und wenn er dann fragt, ob wir in Deutschland auch Löwen haben, dann frage ich mich, was er in der Ausbildung gelernt hat.
Bei mir hat er jedenfalls Kochen gelernt. Keine Männerarbeit in seiner Heimatprovinz, aber irgendwann dämmerte ihm, dass er sich bei seinem Praktikum in der Serengeti wohl auch selbst versorgen muß. Er war ein wißbegieriger Schüler mit gutem Talent.
Irgendwann habe ich ihn mal gefragt, warum er eigentlich Safariguide werden wollte. Na ja, sagte er, alle in seiner Familie sind Kleinbauern, aber das ist nicht so sein Ding. Er suchte eine Möglichkeit, aus diesem bäuerlichen Leben auszubrechen. Erst als er mit derr Tourguide-Ausbildung fertig war und er einen Praktikumsplatz in einem Nationalpark suchte, sagte ihm jemand aus der Verwandschaft, dass James Guide ist. Dann ist er kurzentschlossen und voller Hoffnnung zu uns gekommen.

Auch ich habe viel Hoffnung für Daudi.
James hat lange mit ihm gesprochen und ihm gesagt, was er alles noch lernen soll.
Ich habe jedenfalls auch viel gelernt- über das Leben in der Provinz und die Denkweisen fernab der Stadt. Eine gute Vorbereitung für mich für einen Besuch in James Heimatregion.

Bevormundung

Immer wieder taucht die Frage auf, ob es eigentlich gut ist, wenn Menschen aus Europa oder Amerika irgendwelche Projekte hier in Afrika initieren oder unterstützen. Ist das nicht eine Bevormundung? Dazu gibt es jede Menge unterschiedliche Meinungen und ich finde es schwer, mich allgemein gültig zu positionieren. Ich treffe aber immer wieder in meinem Umfeld, dem Tourismus-Sektor, auf Menschen, die durch Kontakte und finanzielle Unterstützung aus dem Westen sich tatsächlich ein besseres Leben aufbauen konnten. Da ist der älter gewordene Träger am Kilimanjaro, der Mühe hatte, den Knochenjob weiter auszuüben, der nun durch die Unterstützung eines Engländers die Schule für Safariguides und einen Führerschein machen konnte. Er braucht heute nicht mehr zwei bis drei Mal im Monat das Gepäck von Touristen zum Gipfel zuschleppen. Da ist junger Mann, der in einer Lodge als Kofferträger arbeitete und durch die Hilfe von einer spanischen Familie, eine Ausbildung als Koch machen konnte. Er arbeitet heute im besten Hotel am Platz, dem Mount Meru Hotel in Arusha. Mit viel Freude und Engagement ist er in der Hotelküche anzutreffen. Auch meine Freundin Debora hat vor 10 Jahren mit Hilfe eines Deutschen ein Waisenhaus gegründet und betreut 15 Waisenkinder. Das Grundstück und das Geld für den Bau des Hauses kam erst von ihm. Nach seinem plötzlichen Tod sprangen zwei norwegische Volontärinnen ein, die dazu beitrugen, dass das Haus fertig gestellt werden konnte.
Bis heute bekommt sie immer wieder Geldspenden,

aber auch Kleidung, Spielzeug, etc. aus Europa und Amerika. Ohne das ginge es gar nicht. Vom Staat gibt es nur Auflagen und Kontrollen und Anforderungen, aber kein Geld.
Aus ihrer Nachbarschaft bekommt sie vor allem Lebensmittel.
Sie selber betreibt auch in dem Haus einen Kindergarten, um Einnahmen zu haben und sich und die Waisen- Kinder zu finanzieren.
Immer wieder kommen ältere Damen aus Europa und USA für einige Wochen als Volontäre.
Die letzte Dame aus den USA namens Carla, freundete sich mit Deboras 30 jährigem Sohn an.
Mit Debora kam sie nicht klar. Sie besuchte mich einmal, um sich auszuheulen. Debora schlägt die Kinder, wie es hier üblich ist und hat auch sonst wohl eine recht schwarze Pädagogik drauf. Trotzdem geht es den Kindern hier rundrum gut und sie wachsen auf keinen Fall schlechter als andere tansanische Kinder auf. Ich habe Carla gesagt, dass ich das auch nicht gut heiße, aber wir leben nun mal in einer anderen Kultur und es wird sich nur Schritt für Schritt etwas ändern. Debora hat keine Ahnung, wie sie denn sonst mit den Kindern umgehen soll und sie strafen soll. Es gibt hier keine anderen Vorbilder. Und die Kinder, besonders die in der Pubertät, sind eine echte Herausforderung, und nicht immer nur „lieb und süß".
Na ja. Schließlich und endlich kam Carla nun ein zweites Mal. Zusammen mit dem Sohn von Debora suchte sie ein Internat für zwei Mädchen, eine Privatschule, die wohl bessere Bildung vermitteln soll. Sie würde es auch bezahlen. Debora wurde nicht gefragt. Debora sagt, wenn, dann muß sie drei Mädchen ins Internat schicken, weil die drei ganz eng befreundet sind. Nicht nur zwei. Schließlich hat Carla die

Mitglieder des Waisenhaus-Vereins zusammen gerufen und gesagt, sie würde das Waisenhaus finanziell unterstützen, ohne das näher zu beziffern, wenn der Sohn von Debora Manager würde. Das heißt, sie wollte Debora absetzen.
Debora hat daraufhin gesagt, ok., aber dann seht zu, wo ihr das Geld herbekommt. Das Geld aus dem Kindergartenbetrieb ist meines. Viel Aufregung. Carla reiste ab, ohne mit Debora weiter zu sprechen. Der Sohn kam nicht einen einzigen Tag ins Waisenhaus zur Arbeit und Carla schickte nie Geld. Aber viel Aufregung! Mich hat das auch sehr aufgeregt. Wie kann so ein Tussi meinen, nur weil sie ein bißchen Geld hat, sie könne die "Macht übenehmen".
Das ist ein Beispiel im ganz Kleinen zum Thema Bevormundung.

Blauer Stein - Tanzanite

In diesem Kapitel will ich mich dem Schmuck zuwenden. Allerdings schreibe ich nicht über den gewöhnlichen Schmuck, den man funkelnd und strahlend auf der schönen schwarz-braunen Haut der Tansanierinnen bewundern kann, sondern über einen ganz besonderen und ganz besonders teuren Schmuckstein - den Tanzanite.
Er ist einer der wertvollsten Edelsteine überhaupt. Das hat nicht nur mit seinem besonders schönen Aussehen zu tun, sondern weil er so selten ist. Er ist 1000 Mal seltener als ein Diamant. Bisher wurde er nur in einem einzigen Gebiet weltweit gefunden: hier in der Nähe von Arusha, in den Mererani Bergen, einem öden Gebiet, in dem sonst nur die Massais ihre Herden weiden.
Erst 1967 wurde der Stein, der nach dem Schliff violett bis satt-blau leuchtet, entdeckt und von Tiffanys in New York untersucht.

Eine südafrikanische Mine und eine staatliche tansanische Mine fördern den Tanzanite in größerem Stil.

Aber auch viele tansanische Privatleute versuchen ihr Glück, in dem sie sich eine Abbaulizenz beschaffen und in mühsamer Handarbeit unter Tage nach den Anzeichen des Steines im Berg suchen, und ihn mittels Explosion und Hämmern in Handarbeit zutage fördern. In der Abbauregion gibt es ausgedehnte Zeltcamps, in denen die Männer, die unter Tage arbeiten, leben. Sie kommen nur selten zurück nach Hause. Tag für Tag sind sie unter Tage, in großer Hitze bei hoher körperlicher Arbeit – auf der Suche nach „dem" Stein. Oft werden nur kleine Bröckchen im Abraum gefunden, aber manchmal eben auch faustgroße Steine. Und dann ist man ein „gemachter Mann". Die Fundstücke werden weiter verkauft und dann hat mancher Mann, der aus armen Verhältnissen kommt und den Umgang mit Geld nie gelernt hat, ein großes Vermögen. Das leider oft genauso schnell wieder ausgegeben ist, wenn man nicht klug handelt. Aber genauso oft, kann man auch sehen, dass Menschen dieses Vermögen zur Verbesserung der Lebensbedingungen der Familie einsetzen können - und zum Bau von großen, prächtigen Häusern mit allem denkbaren Luxus.

Zur Bearbeitung kommt der Tanzanite in die Stadt und wird von hier aus geschliffen oder ungeschliffen in alle Welt weiterverkauft.

Was den Stein so wertvoll macht, ist dass man bisher kein weiteres Vorkommen entdeckt hat und man davon ausgeht, dass es noch in dieser Generation vollständig abgebaut ist.

In Arusha gibt es ein kleines, aber feines Museum, das über den Tanzanite erzählt, und man findet in der Stadt auch einige Läden, in denen man die schönsten

Schmuckstücke wie Ringe, Ketten, Ohrringe und Gürtelschnallen, kunstvoll verarbeitet, bewundern kann. Kommt und guckt (oder kauft?), so lange es den Stein noch gibt.
Und der Name? Der leitet sich natürlich von Tansania ab!

Die Geschichte von Jeska

Jeska ist die Frau eines Freundes meines Mannes James. Gelegentlich treffen wir uns zu viert, aber neulich habe ich sie endlich mal am Vormittag zuhause alleine besucht. Sie hat ihren Job bei einem Safari-Unternehmen, wo sie für die Hotelreservierungen zuständig war, verloren, weil es dem Unternehmen gerade finanziell schlecht geht.
So traurig das ist, ist es doch eine gute Gelegenheit sich zu treffen.
Und so unter uns hat sie mir ihre traurige Geschichte erzählt.
Geboren wurde sie vor gut 30 Jahren in Mwanza am Lake Victoria. Mwanza is die zweitgrößte Stadt Tansanias. Ihre Mutter stammt von dort und ihr Vater ist Südafrikaner. Als Jeska 2 Jahre alt war und ihr Bruder Peter 1 Jahr alt war, hat die Mutter die Familie verlassen. Der Vater hat nie nach ihr gesucht, sie ist und bleibt bis heute verschwunden.
Der Vater fand ein Kindermädchen, das dann seine zweite Frau wurde.
Diese neue Mutter war so lieblos und böse zu den Kindern, dass Peter mit 8 Jahren weg lief und auf der Straße lebte. Auch ihn hat Jeska nie wieder gesehen.
Sie selbst, gerade neun Jahre alt, sollte verheiratet werden. Da lief sie auch davon und lebte als

Straßenkind.
Und was nun kommt, scheint wie ein Wunder Gottes. Eine junge Frau aus Daressalam besuchte mit ihrem Ehemann Mwanza und wurde auf das traurige Mädchen aufmerksam. Sprach mit ihr - und nahm sie einfach mit, mit nach Daressalam.
Der Staat kümmert sich nicht in geringster Weise um das Kindeswohl. Ob Tansania wohl die Charta der Kinderrechte unterzeichnet hat? Ich kann mir denken, dass es sogar der Fall ist, aber Konsequenzen hat das nicht.
Manche Straßenkinder kommen in Kinderheime. Diese werden staatlich gelegentlich überwacht und mit Auflagen geknechtet, aber in keinster Weise finanziell unterstützt.
Aber zurück zu Jeska und dem freundlichen Ehepaar, von dem sie mir Fotos zeigt.
Die eigenen Kinder des Ehepaares wuchsen bei der Großmutter in Tanga, einer Stadt an der Küste, auf. So wurde Jeska auch dorthin gebracht und wurde wie ein eigenes Kind in die Familie aufgenommen und geliebt. Man schickte sie zur Schule, später ins College. Sie lernte perfekt Englisch und machte eine kaufmännische Ausbildung.
Später fand sie ihren ersten Job an der Rezeption eines Strandhotels nicht weit weg von ihrer neuen Familie. Ja, und hier lernte sie Richard kennen, den Freund meines Mannes, der als Safariguide in dieses Hotel regelmäßig Gäste brachte.
Sie verliebten sich und Jeska kam nach Arusha. Hier wohnte sie zusammen mit Richard bei dessen Eltern in einem Zimmer. Nach drei Jahren wurde ihr eigenes Haus fertig und das erste Kind geboren. Richard ist ein sehr lieber Mann, der seine Frau nicht traurig sehen mag, und der seine Familie liebt.

Ein zweites Kind kam nun ist noch ein drittes Kind unterwegs. Jeska ist sehr glücklich, sehr zufrieden. Wenn sie ihre Geschichte erzählt, dann nicht anklagend oder verbittert. Nur sehr dankbar über die glückliche Wendung, die ihr Leben nahm.
Und ich sitze da, höre ihr zu und bin sprachlos darüber wie schwer es doch viele, viele Menschen haben.

Die Handwerker kommen

Als wir eines morgens gerade mit dem Frühstück beginnen wollten, kamen sie..... Unverhofft, unangemeldet, aber schon lange erwartet. Da schickt man sie auf keinen Fall weg, sondern stürzt das Frühstück in Windeseile hinunter und läßt die Tagespläne sausen.
James und ich sind in unser neugebautes Haus eingezogen, obwohl noch nicht alles fertig war. Nach und nach, wenn wieder Geld da ist, vervollständigen wir unser Haus.
Nun ist das Treppengeländer dran. Eigentlich haben wir uns schon sehr daran gewöhnt, ganz sicher die Treppe hinauf und hinunter zu steigen, mit vollen oder leeren Händen. Aber Besuche haben immer Angst, und außerdem soll ja auch mal alles fertig werden.
Also haben wir vor zehn Tagen die Handwerker beauftragt, uns aus Eisen ein Treppengeländer anzufertigen. Hier in Tansania gibt es nichts fertig vorfabriziertes aus der Fabrik, sondern alles wird von Handarbeit in zahllosen kleinen Werkstätten in der Nachbarschaft angefertigt.
Eine Anzahlung wird gemacht, damit der Handwerker das Material einkaufen kann. Er sagt uns, daß er in drei Tagen kommen wird. Nun sind zehn Tage rum, aber wir

hatten es nicht wirklich eilig.
Und nun steht er da, früh am Morgen, mit drei Gehilfen. Eisenrohre, Werkzeuge und Maschinen werden herangeschafft. Die beiden Sofas, die im Weg sind, räumen die Leute beiseite. Ich räume schnell noch Schuhe, Blumentöpfe und den Wohnzimmertisch weg. Nun ist kein Benzin für unseren Generator, den wir brauchen, da. Also muß noch einer der jungen Männer mit dem Motorrad und einer leeren Plastik-Literflasche losdüsen.
Ja, hätten sie gestern mal angerufen, alles wäre gut vorbereitet gewesen, und die Hausherren hätten auch schon einen Kaffee getrunken.
Aber auf so eine Idee kommt hier niemand. Vorher planen, vorher Bescheid sagen, nein, das gibt es nicht.
Aber weg schicken wollen wir die Handwerker auch nicht, wer weiß, wann sie wieder kommen.
Wenn ich eines noch lernen muß, dann auf jeden Fall mit „Störungen umzugehen" und sehr spontan Pläne zu ändern.

Die Norwegerin

Meine tansanische Freundin Helen ist mit Chris, einem Safariguide verheiratet. Sie fragte mich neulich „wußtest Du eigentlich, dass mein Mann auch mal mit einer Weißen, einer Norwegerin, zusammen war?" Und dann erzählte sie mir die Geschichte folgendermaßen:
„Wir lebten schon eine Weile zusammen und unser erstes Kind war gerade ein Jahr alt, als ich zufällig entdeckte, dass mein Mann Liebeserklärungen per SMS und Whatsapp erhielt und zurück sendete. Ich entdeckte dann auch, dass er mit dieser Dame namens Silvia Telefonate führte.
Als ich ihn daraufhin befragte, sagte er, dass diese Frau mit ihm vor längerer Zeit auf einer Safari war. Er hatte ihr erzählt, dass er zuhause bei seinen Eltern mit seinem kleinen Sohn lebte. Sie schickte immer wieder Geld für das Kind.
Ich bat ihn, das Verhältnis zu beenden, aber er wollte nicht. Er sagte, sie kann uns mit Geld unterstützen und mir helfen, ein eigenes Safari-Unternehmen aufzubauen.
Auch seine Eltern und die ganze Familie waren eher beglückt als entsetzt über das Verhältnis. Eine Weiße in der Familie. Das garantiert Wohlstand, dachten sie. Chris Mutter sagte mir, „spiel das Spiel mit, auch Du profitierst davon. Und sie kommt höchstens einmal oder zweimal im Jahr zu Besuch und dann gibst Du Dich für Chris Schwester aus. Was ist dabei?"
Aber ich wollte das nicht. Ich habe geweint und gelitten. Schließlich habe ich mir die Telefonnummer heimlich aufgeschrieben und für viel Geld einen Anruf nach Norwegen gemacht.
„Hallo, ist da Silvia?" sagte ich unter Tränen. „Bitte

lege nicht auf, hör mich an. Du bist auch eine Frau und wir Frauen müssen zusammen halten. Ich heiße Helen und bin die Frau von Chris." Silvia war erstaunt das zu hören. Sie hatte tatsächlich gedacht, Chris wäre Junggeselle. Es war ein gutes Telefonat und am Ende sagte sie, selbstverständlich würde sie die Finger von meinem Mann lassen. Und das tat sie auch. Chris wunderte sich, warum er nie mehr Antwort auf seine Nachrichten erhielt und sie das Telefon nie mehr abnahm. Aber nun ist diese Geschichte zum Glück zu Ende."

Dunkle Geschichten

Der Tod des jungen Mannes ging ganz schnell. Ich weiß noch nicht mal seinen Namen, trotzdem berührt es mich sehr. Ich weiß auch nicht die offizielle Todesursache, aber bestimmt ist es mal wieder die Krankheit, über die man hier nicht reden darf, Aids. Ich habe ihn auch nur zwei- oder dreimal in meinem Leben gesehen. Er war Automechaniker in einer Werkstatt, in der James oft unser Auto zum Reparieren und zum Service bringt. Und er ist der Bruder von Joel, einem Büroangestellten in der Safari-Company für die James oft arbeitet. Joel kenne ich gut. Und Joel erzählte James, dass sein Bruder im Krankenhaus liegt. Krankenbesuche sind hier ein unbedingtes „Muß" und so ging James auch zusammen mit einem Kollegen zu ihm ins Krankenhaus. Als James am Abend aus der Stadt zurück kam, sagte er, „er wird bestimmt bald sterben, er war schon nicht mehr ansprechbar". Am nächsten Morgen hatte James schon die Nachricht auf seinem Handy, dass er gestorben sei.
Der junge Mann war zu spät ins Krankenhaus gekommen. James erzählte mir nun, dass er im Krankenhaus seine Schwester getroffen hätte. Als der Bruder schwere Krankheitszeichen zeigte, hat sie ihn anstatt ins Krankenhaus zu bringen, mit in ihre Pfingst-Kirche genommen, wo man über Stunden, vielleicht auch Tage für seine Heilung betete. Ohne ihm medizinische Hilfe zu gewähren. Die Schwester war überzeugt, dass Joel seinen Bruder verhext hätte. Und da hilft nur Beten. Und Joel zu verleumden.
Und dann erinnert sich James an alte Konflikte unter den Geschwistern. Joel ist der Älteste von den Kindern der Familie und stammt aus einem Dorf am Kilimanjaro.

Eines Tages war ein anderer, jüngerer Bruder irgendwie zu etwas Geld gekommen und baute auf dem elterlichen, großen Grundstück ein festes Steinhaus mit drei Zimmern. Dirket neben die ärmliche Lehmhütte der Eltern. Joel wurde eifersüchtig. War er nicht der Ältere? Gebührte nicht seinem Haus dieser Platz? Er zerstörte das Steinhaus des jüngeren Bruders und baute ein eigenes Haus an diese Stelle. Der jüngere Bruder unternahm nichts und verschwand. Wie kann Joel nur so handeln? Wie kann er nur so boshaft und zerstörerisch sein? Solches Handeln kenne ich aus meinem deutschen Leben nicht. Na ja, außer Mobbing an der Arbeitsstelle, selbst in der Führungsebene, in der ich gearbeitet habe. Dort vergessen Menschen plötzlich ihren Intellekt und ihre Werte. Ähnlich wie hier, nicht so offensichtlich. Joels Verhalten, aber auch das pseudo-religiöse der Schwester beschäftigen mich.
Und das sind nur die Dinge, die James weiß und mir erzählt. Wer weiß was es alles für andere, dunkle Geschichten in dieser Familie, aber auch um mich herum gibt?

Eisenbahn

Von unserem Haus gucken wir in der Ferne auf eine Eisenbahntrasse. Allerdings ohne Eisenbahn. Seit Mitte der Neunziger Jahre ist der Eisenbahnverkehr eingestellt. Der Sohn eines hochrangigen Politikers hat ein großes Lastwagen-Unternehmen und da machte die Eisenbahn unliebsame Konkurrenz. Also wurde sie kurzerhand stillgelegt. Eines von vielen, vielen Beispielen wie Tansanische Politik geschieht.
Die Schienen sind noch recht gut erhalten und dienen uns und vielen anderen Menschen nun als Fußweg. Für mich ist diese Eisenbahnlinie eine wunderbare Orientierung und ich benutze sie oft – zu Fuß.
Mit dem Bau dieser Eisenbahnlinie wurde 1893 durch die deutschen Kolonialherren begonnen. Sie verband Arusha mit der Hafenstadt Tanga und diente hauptsächlich dem Transport der Exportgüter Kaffee, Baumwolle, Holz und Sisal zum Hafen.
Zwei Eisenbahnlinien mit Personenbeförderung existieren heute noch. Die Central Line, die Daressalam mit Kigoma verbindet (1254 km) und die sogenannte TAZARA, die von Daressalam über Mbeya nach Sambia führt (1860 km). TAZARA bedeutet Tanzania – Zambia- Railway. Ziel dieser Eisenbahnlinie war es, die Landwirtschaft in den unterentwickelten Flächen im Südwesten Tansanias und im Nordosten Sambias voranzutreiben.
Mit chinesischer Hilfe – Finanzierung, Expertise und Ausrüstung – konnte 1970 mit dem Bau begonnen werden und 1976 der volle Betrieb bis heute aufgenommen werden.
Neulich traf ich einen deutschen Bekannten, von dem ich wußte, dass er mit dieser Eisenbahn fahren wollte. James Bruder in Daressalam hatte für ihn und seine

Schwester einige Wochen im Voraus das Ticket gekauft. Ich wollte schon lange mal nachfragen, wie denn die Reise war. Nun gab es die Gelegenheit. Er und seine Schwester flogen also von Arusha nach Daressalam und nahmen ein Taxi zum TAZARA-Bahnhof. Sie ließen sich Zeit, denn sie sollten ja noch viele Stunden in dem Zug sitzen. Als sie ankamen, war ihr Zug gerade seit 10 Minuten weg! Man hatte den Fahrplan geändert und nun fuhr der Zug eine Stunde früher als auf dem Ticket vermerkt.
Was soll man tun? Da dieser Zug auch nur einmal pro Woche fährt, konnte man es nicht morgen nochmal versuchen. Nach viel Aufregung und Hin – und Her gab es das Geld zurück. Schade für die beiden und schade für mich, denn ich hätte gerne erst einmal einen Bericht aus erster Hand gehabt, bevor ich selber das Abenteuer wage.

Aber zurück zu „unserer" Eisenbahn. Unser jetziger Präsident John Pombe Magufuli hat verkündet, der Betrieb solle wieder aufgenommen werden. Sofort startete große Betriebsamkeit. Das Land wurde vermessen und es wurden an Häusern und Mauern große rote X-se angemalt, manchmal mit den Worten „bomoa", reißt ein. Rechts und links des Schienenstränge gehören jeweils 60 m zum Bahn-Land. Das weiß auch eigentlich jeder. Da aber die Bahn schon so lange stillgelegt war, haben clevere Leute dieses Stück Land zu ihrem Land dazu geschlagen und verkauft, mit der Versicherung, es würden keine Züge mehr fahren. Leute haben gekauft und gebaut. Oder sie haben ihr gekauftes Land einfach so ein wenig ausgedehnt. Nun sieht man über viele Kilometer entlang der Eisenbahnschienen Markierungen, wieviel Meter, manchmal auch nur Zentimeter, die Leute ihre

Bauwerke einreißen müssen, bevor der Bulldozer kommt und alles platt macht. Manche warten erst einmal ab, andere machen sich schon an die Arbeit. Aber ob die Eisenbahn wirklich wieder belebt wird, steht noch in den Sternen. Den Straßenverkehr würde es auf jeden Fall entlasten. Und ich müßte mir neue Spazierwege suchen.

11 Orte, die ich in und um Arusha empfehle

Ich mag die Buchreihe, „111 Orte, die man in XY gesehen haben muß" sehr. Die Bücher enthalten eine Mischung aus Sehenswürdigkeiten und Geheimtipps des Autors. Wenn ich an Arusha und Umgebung denke, dann fallen mir nicht gerade 111 Orte ein, aber doch immerhin 11!

1. Tanzanite Ausstellung
Wenn man müde davon ist, durch die Straßen Arushas zu laufen, dann ist es Zeit für eine „Oase". Im dritten Stock eines blauen Bürohauses in der kleinen India Street, in der Nähe des Clocktowers, wird man von freundlichen Mitarbeitern der Firma: „Tanzanite Experience" empfangen. Wie der Name schon sagt, handelt die Firma mit dem teuren, blauen Stein, der in den Bergen in der Nähe von Arusha gefördert wird. Nachdem die Sicherheitsschleuse passiert ist, ist man plötzlich (bei freiem Eintritt) in einer anderen Welt. Es ist still, es ist edel. Nachdem man Wasser, Kaffee oder Tee mit Keksen angeboten bekommen hat, kann man in bequemen Leder-Stühlen Platz nehmen und sich durch ein Video in die Welt des Tanzanite einführen

lassen. Der Film ist auf Englisch und manchmal schwer zu verstehen, aber die Bilder sprechen für sich. Es wird gezeigt, wie die Firma den wertvollen Stein zu Tage fördert, wie er entdeckt wurde und wie er, zu Juwelen verarbeitet, aussieht.
Im Anschluß daran wird man von einer Mitarbeiterin in die Kulisse einer Tanzanite- Mine geführt. Der Rundgang veranschaulicht dann noch einmal das im Film Gesehene.
Und zum Schluß geht es in den Verkaufsraum. Wenn man die wunderbaren Schmuckstücke ausführlich bewundert, sich die Preise sagen läßt, und dann doch nicht kauft- das ist überhaupt kein Problem. Ich finde ja Angucken schon schön! Nach einer halben Stunde Aufenthalt an einem schönen, ruhigen Ort, kann man sich auch wieder auf die staubige, laute Straße begeben.

2. Mitumba-Markt in Tengeru
Verlassen wir kurz Arusha und gehen an einen Ort, wo das pralle tansanische Leben tobt, den Mitumba-Markt in Tengeru.
Mitumba bedeutet Altkleider oder vornehmer ausgedrückt „Second Hand"- Kleidung und Textilien. Dies ist nicht die Stelle, um das Für und Wieder vom Export der abgelegten Kleidungsstücke aus den Wohlstandsländern zu diskutieren. Dies ist die Stelle, um auf den Mitumba - Markt in Tengeru aufmerksam zu machen. Er hat mich so sehr beeindruckt, wegen seiner unfaßbaren Größe. Auf Tischen und auf Planen auf dem Boden werden nach Sparten sortiert Hosen, Kleider, Pullover, Mäntel, T-Shirts, aber auch kleine Teppiche, Bettlaken, Bettdecken, Schlafsäcke und Kopfkissen angeboten. Hier kann man als Privatperson einkaufen, aber auch als Händler in großen Mengen. Säckeweise wird dann die Ware nach Arusha

transportiert, teilweise wird sie noch mal gewaschen und gebügelt und in Läden verkauft. Manches sieht dann wieder nagelneu aus. Manche Händler verkaufen aber auch auf fahrbaren Wühltischen irgendwo in der Stadt weiter oder ziehen damit als „fliegende Händler" durch die Straßen und Wohngebiete.
Wenn man vom Schlendern entlang der vielen Altkleider genug hat, kann man die schmale Straße überqueren und kommt dann zu unermesslich vielen Schuhen, gebrauchten Schuhen, die dank ausdauernden Putzens teilweise wie neu aussehen.
Der Altkleider-Markt in Tengeru findet mittwochs und samstags parallel zu dem normalen Gemüsemarkt statt. Der kleine, stille Ort Tengeru, der 15 km vor den Toren Arushas liegt, ist dann mit buntem Treiben gefüllt. Natürlich wird man als Weißer besonders beachtet und gegrüßt, aber man kann sich doch im Großen und Ganzen unbehelligt umschauen – und ein Stück normales, tansanisches Leben atmen.

3. Bio – Kaffeefarm
Es muß Zeiten gegeben haben, als um Arusha herum eine Kaffeeplantage an die andere grenzte. Obwohl man dieses heute nur noch erahnen kann, gibt es dennoch genügend Kaffeefarmen zu besichtigen. Ich empfehle hier eine Tour, die preislich nicht gerade zu den günstigen gehört, mir aber am Besten gefällt. Man bekommt viel zu sehen und begegnet außerdem einem faszinierenden Bio-Kaffee- Bauern, dem man die Leidenschaft für seinen Beruf wirklich abspürt.
Die Tour findet auch in Tengeru (siehe Tipp Nr.2) statt. Etwas oberhalb der Hauptstraße in Richtung des Mount Meru trifft man seinen Tourguide. Der Führer wandert mit seinen Gästen erst durchs Dorf, zeigt die alte lutherische Kirche, dann entlang schmaler grüner

Wege, wo er immer mal wieder Halt macht, um Pflanzen und Bäume zu erklären und Fragen zu beantworten.
Schließlich wird das kleine Wohnhaus und die kleine Plantage des Kaffeefarmers erreicht. Nun ist dieser an der Reihe, den Gästen vom biologischen Anbau, der Züchtung von Kaffeepflanzen, der Ernte und Verarbeitung der Kaffeebohnen zu erzählen und vor Ort alle Vorgänge zu zeigen.
Wußten Sie, dass die geernteten Kaffeekirschen, wie sie genannt werden, erst noch von einer Haut befreit werden müssen, bevor die Kaffeebohne zum Vorschein kommt? Dieses und anderes kann man hier lernen und verstehen, wieviele Arbeitsgänge notwendig sind. Dann geht es auf anderem Spazierweg zurück Richtung Ausgangspunkt zu einem kleinen Gebäude, wo die Kaffeebohnen zu verschiedenen Sorten geröstet werden. Nun ist es höchste Zeit, die verschiedenen Kaffeesorten zu probieren, begleitet von leckerem, selbst gebackenem Banananankuchen.
In dieser kleinen Halle wird der Kaffee auch in Säckchen aus dem typischen, bunten tansanischem Stoff verpackt und zum Verkauf und Versand fertig gemacht.
Und jetzt ist auch die Zeit, sich selber zu beschenken oder schon mal ein Mitbringsel zu kaufen. Dieser Kaffee wird zuhause besonders gut schmecken.

4. Shanga Beads
Machen wir gleich weiter mit einem Ort, den man am Ende auch gerne mit einer Erinnerung für zuhause verläßt. Shanga Beads in Arusha ist eigentlich „doppelt gemoppelt". Shanga ist das Kisuaheli – Wort, Bead das englische Wort für „Perle". Mit Perlen fing alles an.

Nicht die Perlen aus dem Meer, sondern bunte Glasperlen. Und das ist nach wie vor eines der <u>drei Besonderheiten</u> bei Shanga Beads für mich: Die Glasperlen werden aus recyceltem Altglas gewonnen. Altglas zu recyceln ist bisher noch keine flächendeckende Idee in Tansania. Aber hier wird altes Glas eingeschmolzen und von Glasbläsern zu neuen Gläsern, Glasperlen oder anderen Produkten geformt. Andere Kunsthandwerker verarbeiten die Glasperlen zu wunderschönem Schmuck. Im Laufe der Zeit hat sich die kunsthandwerkliche Produktpalette immer mehr erweitert: es gibt Gewebtes, Genähtes, Gemaltes, etc. Die Produkte sind wunderschön designed und treffen den gehobenen Geschmack. Sie unterscheiden sich von den typischen afrikanischen Souveniers. Dies ist für mich die zweite Besonderheit. Die dritte Besonderheit ist, dass die Kunsthandwerker Menschen mit Behinderungen sind, die hier ihren Lebensunterhalt verdienen können. Hörbehinderte und Taubstumme sowie Menschen mit anderen körperlichen Behinderungen arbeiten hier während Besucherinnen und Besucher ihnen gerne über die Schulter gucken können.
Ein hübscher Laden lädt ein, das eine oder andere Geschenk für sich und andere mitzunehmen.

5. Ilboru Holy Tree

Nun vom Materiellen zum Magischen. Der Sitz der Massai – Gottheit war in alten Zeiten ein „heiliger" Baum. Immer wieder trifft man auf gewaltig große und alte Feigenbäume, deren Luftwurzeln von der hohen Baumkrone nach unten dem Erdboden zustreben. Hierher kamen in früheren Zeiten die in der Nähe lebenden Massais, um hier zu beten und zu weinen. Diese Bäume dürfen nicht gefällt werden, sie sind bis heute Treffpunkt der regelmäßig stattfindenden Zusammenkünfte der Massai-Männer.
In Ilboru, unweit der Innnenstadt Arushas steht ein besonders beeindruckendes Exemplar. Nach einem ca. 20 minütigen Spaziergang durch das bunte Laden- und Wohnviertel Ilboru, erreicht man bald hinter der Ilboru Safari Lodge, wo man auf einen Kaffee einkehren kann, an einer Kreuzung den Baum. Nachdem man ihn genügend gewürdigt und bewundert hat, kann man ein paar Meter weiter laufen, um die ca. 100 Jahre alte, kleine lutherische Kirche anzuschauen. Heute übt der Chor hier, aber für den Gemeindebetrieb wurde eine neue, große Kirche nicht weit entfernt gebaut. Auf dem

Weg dorthin, kommt man auch am alten Kirchenfriedhof vorbei. Schon von weitem ist er an den großen Büschen von Weihnachtssternen zu erkennen. Weihnachtsterne sind hier keine Weihnachts- Blumen, sondern Friedhofs-Blumen.
Nachdem man die relative Stille und ruhige Ausstrahlung dieser beiden religiösen Orte genossen hat, geht es auf gleichem Wege wieder zurück in die Innenstadt.

6. Maji Moto
Bleiben wir bei alten Bäumen und magischen Orten. Nach ca. 2 Std. Autofahrt von Arusha aus bei Boma N`gombe erreicht man mitten in ausgetrockneter, wüstenähnlicher Landschaft warme Quellen, Maji Moto, was übersetzt warmes Wasser heißt.
Kristallklares, angenehm lauwarmes Wasser lädt in

einem großen Wasserloch, das sich mit anderen kleineren Wasserstellen und Wasserläufen verbindet, zum Baden ein. Man sollte allerdings Schwimmen können, da man nicht im Wasser stehen kann, sondern sich nur an den Rändern an dicken, alten Baumwurzeln der umgebenden Bäume festhalten kann. Junge Leute schwingen an einem Tarzan- Seil über das Wasser, um sich dann hineinfallen zu lassen. Andere schwimmen in die Wasserarme hinein oder entspannen am Rand. Die großen schattigen Bäume lassen vergessen, dass sich um diese Oase herum karge, heiße Landschaft befindet. Örtliche Führer bieten Spaziergänge an. Ein Mitarbeiter der Ortsverwaltung kassiert einen kleinen Betrag für den Eintritt.

Dieser Ort ist sehr beliebt bei jungen, weißen Voluntären aus der Umgebung, weshalb man ihn am Wochenende meiden sollte.

7. Massai-Markt (Duka Bovu oder Kwa Mrombo)
Die Massai haben unter anderem ihren Lebensraum um Arusha herum bis weit in den Norden. Sie leben in karger Landschaft und sind eine genügsame Volksgruppe. In bunter Pracht kann man sie auf ihren Märkten erleben. Auf einem Massai-Markt geht es in erster Linie darum Kühe und Ziegen zu kaufen und zu verkaufen. Und da man dann schon mal da ist, wird natürlich auch alles andere Lebensnotwendige gekauft: Gemüse, Obst, Haushaltswaren, Stoffe und Perlen für die Herstellung des traditionellen Massai – Schmucks. Jeden Dienstag ist Markt in Duka Bovu, ca. 15 km von Arusha entfernt in Richtung Serengeti. In Duka Bovu beeindruckt besonders das riesige Angebot an Kühen und Ziegen. Der restliche Markt ist klein und überschaubar.

Freitags ist Markt in Kwa Mrombo, einem Ortsteil, der noch zu Arusha gehört. Vegetarier oder zart beseitete Menschen ist dieser Ort allerdings nicht zu empfehlen. Hier geht es nicht nur um lebende Viecher, sondern vor allem ums Fleisch. Man kommt hierher, um das Fleisch gleich an Ort und Stelle in einer der unzähligen Bars zu essen. Ganze geschlachtete Rinder und Ziegen hängen an den Eingängen der Bars, direkt neben den heißen Grills. Man sucht sich ein Ziegenbein oder ein anderes Stück Fleisch aus, dass dann vom Koch abgeschnitten und auf den Grill gelegt wird. Es ist heiß wegen der Sonne und der vielen Grillfeuer und Rauchschwaden, die durch die Luft wabern. Die Massai und viele Einwohner Arushas aus anderen Volksgruppen sind leidenschaftliche Fleischesser und können Unmengen an gebratenem Fleisch essen, das man mit gerösteten Kochbananen und einem Salat aus Tomaten, Gurken und Karotten bestellen kann.

8. Themi Living Garden

Kommen wir nun zu einem Ort, an dem sich Vegetarier wohlfühlen werden und gehen wieder ins Zentrum der Stadt, in die Nähe des Clocktowers und der Anglikanischen Kirche. Hier am Ufer des Themi Flusses, wurde ein schattiger Spazierweg mit schönen Pflanzen und blühenden Blumen angelegt. Kleine Holzbrücken ermöglichen es uns, die Seite zu wechseln.

Bis vor einem Jahr gehörte dieser Ort zu den gefährlichen Gegenden der Stadt. Auf der breiten Straßenbrücke, die Autos und Fußgänger passieren müssen, um den Fluß zu überqueren und um in die Innenstadt zu gelangen, lauerten oft Taschendiebe, die mit ihrer Beute ruck zuck ins Dickicht des Flußtales verschwanden. Gelegentlich sicherten sogar Polizisten mit Gewehren die Brücke.

Nun ist aus dem Dickicht eine von Gärtnerinnen gepflegte Oase geworden, die von vielen Menschen, besonders gerne auch von Schülern, frequentiert wird. Nach einigen Metern erreichen wir ein Holzplateau dicht am Fluß, das als Restaurant dient. Es wird ein Mittagessen angeboten, bestehend aus dem Hauptgang mit frischem Saft, Salat und Früchten. Die Frauen, die hier kochen, wollen den Menschen aus Arusha zeigen, wie schmackhaft fleischloses, biologisch angebautes Essen ist.

In Gärten neben dem Spazierweg am Fluß bauen sie dazu das Gemüse an.

9. World Garden

Nun geht es von diesem schönen Garten zu einem anderen Ort, der das Wort Garten im Namen führt. Der World Garden in Moshono ist ein Biergarten. Von weitem ist schon das Hauptgebäude mit einem großen, im Entfernten an die Oper von Sydney erinnernden Dach zu erkennen. In diesem Gebäude befindet sich im oberen Stock eine große Veranstaltungshalle, die besonders gerne für Hochzeiten gemietet wird, und nach wenigen Stufen abwärts eine berühmte Diskothek, der „Club D". Passiert man dieses Hauptgebäude und überquert den großen Parkplatz befindet sich um einen großen alten Baum herum gebaut eine große Bar. In kleinem Abstand um die Bar herum gibt es hohe Tische mit Barhockern und kleine Sitzgruppen. Unzählige bunte Lichter tauchen den Ort in eine bezaubernde Athmosphäre. Besonders am Wochenende, wenn es Live-Musik gibt, und auf den (leider) jeden Winkel erreichenden Fernsehbildschirmen Fußball aus Groß-Britanien oder Spanien übertragen wird, kann es hier sehr voll werden.

Vom normalen Bier bis zum Spitzen-Champagner führt die Bar alles. Wer Hunger hat und kein Vegetarier ist, schaut in der offenen Küche vorbei, um das bei den Leuten aus Arusha so beliebte Barbecue zu bestellen (Ziegenfleisch, Rindfleisch oder gegrillte Hühner).

An den Wochenenden hat am Nachmittag der sehr große Kinderspielplatz mit kleinem Kinderswimmingpool geöffnet, der etwas abseits der Bar liegt und gegen Eintritt besucht werden kann.

10. Deutsches Boma

Wir begeben uns nun wieder zurück in die Innenstadt. Am Clocktower wandern wir die Boma Road hinauf. Boma ist eigentlich eine Bezeichnung der Massai für eine Ansammlung von Häusern, die zu einer Familie gehören. Aber auch Verwaltungssitze der Kolonialbehörden wurden so bezeichnet. Ganz am Ende der schmaler werdenden, mit Bäumen gesäumten Straße treffen wir auf das Deutsche Boma, eine weiße, freundlich wirkende Festung. Sie ist das einzige Überbleibsel aus der deutschen Kolonialzeit hier in Arusha. Die Gebäude wurden vor einigen Jahren renoviert und sind mit einem gepflegten Garten umgeben, in dem man ein wenig ausruhen kann. In den Räumlichkeiten ist eine Ausstellung untergebracht. Ganz am Anfang geht es um die archäologischen Funde in der Olduvai Schlucht, wo man Fußabdrücke von ersten aufrecht gehenden Menschen und andere Fundstücke der frühen Menschheit freilegte. Der Hauptteil der Ausstellung zeigt hauptsächlich wunderschöne Tierfotografien, wie sie nur ein Profi machen kann. Es gibt auch einige Schaufenster, in denen präparierte Tiere ausgestellt sind. Und wenn man Glück hat, ist eine Tür offen, die einen in die Werkstatt von Tierpräparatoren führt. Ich finde besonders nach einer Safari ist es eine gute Möglichkeit, noch einmal mit Hilfe dieser Fotos das Erlebte Revue passieren zu lassen! Ein letzter Teil des Rundgang widmet sich der deutschen Kolonialzeit in Tansania. Die didaktische Aufbereitung des Museums läßt sicher noch vieles zu wünschen übrig und die Besucherinnen und Besucher sollten ihre Erwartungen nicht zu hoch hängen, dennoch möchte ich diesen Ort empfehlen, wenn man genügend Zeit in Arusha verbringt.

11. Die Lobby des Arusha Hotel

Zurück geht es zum Clocktower. Hier liegt das New Arusha Hotel, das erste Hotel Arusha. Der Originalbau von 1894 wurde vor vielen Jahren abgerissen und durch einen moderneren Bau ersetzt. Auch zwischendurch wird immer wieder mal renoviert, um die Zimmer auf modernem Standard zu halten.

Eigentlich mag ich die teuren und für Tansania ganz und gar untypischen Orte, in denen sich die Weißen so gerne treffen, nicht. Dann kann man ja gleich zuhause bleiben!

Aber beim Arusha Hotel mache ich zu besonderen Gelegenheiten gerne mal eine Ausnahme. Mir gefällt hier die Hotel- Lobby. In dicken, bequemen Ohren-Sesseln kann man sich eine Weile zurück ziehen, sich Eiskaffee, Cappuchino, Quiche oder Sonstiges servieren lassen und seinen Gedanken nachhängen.

Besonders stimmungsvoll ist es in der Advents- und Weihnachtszeit, wenn es gediegene Weihnachtsdekoration gibt und aus dem Lautsprecher leise Weihnachtslieder klingen. Dann kann man vergessen, dass man in Afrika ist.

Erntefest

Saba Saba ist ein Feiertag. Saba bedeutet „sieben" und gemeint ist der 7. Juli. Er ist der Ernte-Feiertag im ganzen Land, wird aber hauptsächlich in Daressalam mit großen Lastwagen-Prozessionen begangen. Auf diesen Lastwagen werden die landwirtschaftlichen Produkte gezeigt, aber auch Firmen schicken Lastwagen mit ihren Produkten auf die Straße, um zu zeigen was sie produzieren.
Allerdings ist das Land groß und die Klimazonen unterschiedlich. In Arusha ist noch keine Erntezeit im Juli. Sie beginnt allmählich im August. Wobei mit Ernte meistens die Maisernte gemeint ist. Mais, verarbeitet zu Maismehl, aus dem der Ugali-Brei gekocht wird, ist Hauptnahrungsmittel. Diese feste Masse wird mit der Hand zu kleinen Bällchen geformt und in eine Soße aus Gemüse, manchmal mit Fleisch angereichert, getaucht. Richtig arme Leute und Schüler in Internaten bekommen Ugali mit einer Soße aus Bohnen serviert. Auch zum Frühstück gibt es bei vielen Leuten ein Porridge aus dünnem Maisbrei. Die Maiskörner sind im Gegensatz zu dem gelben Mais, den wir kennen, weiß. Also, ohne Mais geht hier gar nichts und er wird auf jeder freien Flächen von fast allen Leuten angebaut. Oft bauen Leute auch den Mais an den Straßenrändern an. Und wo gestern noch ein Trampelpfad war, wächst heute Mais.
Alles ist beschwerliche Handarbeit. Nur Bauern oder Firmen mit sehr großen Feldern leihen sich Traktoren aus oder besitzen selber welche.
Der Mais bleibt stehen, bis er von selber getrocknet ist. Man meint, die Leute lassen ihn vertrocknen. Aber das stimmt nicht. Im Juli und August ist die ganze Landschaft voller Maisfelder, in denen der Wind

raschelt. Die Kolben reifen auf dem Feld und werden dann Stück für Stück per Hand gepflückt und in Säcken nach Hause transportiert.
Die Stengel werden später abgehauen und dem Vieh verfüttert.
Sie werden auf dem Kopf, auf dem Fahrrad oder in kleinen Pick-Ups transportiert.
Da in Arusha die Ernte später ist, gibt es hier einen eigenen Ernte-Feiertag. Nane Nane. Nane bedeutet „acht" und gemeint ist der 8. August.
Es gibt ein großes Ausstellungsgelände, das recht zentral liegt, und das das ganze Jahr über wenig belebt ist. Aber in der ersten August-Woche bis kurz nach dem Nane Nane -Tag drängen sich hier die Leute, nachdem sie Eintritt bezahlt haben.
Und nun kann man in kleinen Gärten, die Saatgutfirmen und Cooperativen gehören, Getreide, Früchte und Gemüse bewundern und sich über die Qualität, Eigenschaften und Preise informieren, sowie Anbau-Tipps von Profis erhalten.

Auch Haushaltswaren, Solaranlagen, Traktoren und was sonst noch das Herz begehrt, wird ausgestellt und beworben.
Für Kinder darf ein großer Spielplatz und bunte Luftballons nicht fehlen und für die Erwachsenen sind die Restaurants, in denen es viel Fleisch gibt, ein „Muss".
Am Ende des Besuches geht man mit neuen Anregungen und plattgelaufenen Füssen nach Hause.

Falsche Hautfarbe

Auch nachdem ich bald fünf Jahre in Tansania bin, gibt es Sachen, an die ich mich nicht gewöhnen kann und die ich unangenehm finde. Unter anderem kämpfe ich mit dem Rassismus. Auch wenn es sich harmlos anhört, aber doch ist es auf Dauer sehr nervig: immer die Frage von wildfremden Kindern, Erwachsenen und besonders auch Alten nach Geld, Geschenken oder Süßigkeiten. Immer diese „Mzungu"-Rufe, auch wenn sie nicht böse gemeint sind. Das nervt schon sehr. Mzungu heißt „Weißer". Sehen Kinder mich oder andere Weiße von Ferne, hört man schon von Weitem „Mzungu, Mzungu" oder „Hi!", „Good Morning Teacher!" egal zu welcher Tageszeit oder nur ein „good after", weil sie sich afternoon nicht merken können. An meinen guten Tagen, sehe ich es als Spiel an und antworte zum großen Erstaunen und manchmal Entsetzen in Kisuaheli. Dann ist meistens Ruhe. Manchmal macht es auch Spaß und am Ende lachen wir alle. Aber wirklich lustig finde ich es nicht, die "falsche" Hautfarbe zu haben!

Geologie

Jetzt kommt ein bißchen Geologie, weil zumindest der Safari-Reisende auf das „Rift Valley", auf den „Großen Afrikanische Grabenbruch" treffen wird.
Komisch, im Erdkundeunterricht hat sich schon der Name „Rift Valley" tief in mein Gedächtnis eingebrannt. 45 Jahre später lebe ich nicht weit weg davon. Jedenfalls von einem Teilstück.
Denn das Rift Valley ist ein Abschnitt des Ostafrikanischen Grabenbruch-Systems, das sich über 6500 km vom Toten Meer im Norden bis nach Mosambik im Süden durch den afrikanischen Kontinent erstreckt.

Der Grabenbruch entstand als vor über 30 Millionen Jahren die tektonische Platte, auf der die afrikanische Landmasse liegt, mit der tektonischen Platte, auf der die eurasische Landmasse liegt, zusammenstieß. Und dann wieder auseinanderdriftete. Als sich die Platten wieder trennten, sanken große Bruchstücke der Erdkruste zwischen ihnen ab. So entstanden im Lauf der Jahrtausende Steilkanten, Schluchten, Ebenen und Seen. Diese tektonischen Bewegungen formten auch Vulkane und ließen sie zum Ausbruch kommen, wie den Kilimandscharo oder die Calderas im Ngorongoro Kraterhochland.
Das tansanische Rift Valley besteht aus zwei Verzweigungen, die sich im Süden Tansanias wieder vereinen. Safari-Reisende im Norden treffen auf das Eastern-Rift-Valley. Die Seen, die zu diesem System gehören sind der Lake Natron und der Lake Manyara. Die Steilwände des tansanischen Teils des Rift Valley sind in der Ngorongoro Conservation Area und am Lake Manyara Nationalpark sehr eindrucksvoll sichtbar (siehe Foto).

Auch eine andere geologische Formation ist sehr eindrücklich. Die sogenannten „Gebirge des östlichen Bogens". Sie erstrecken sich in einem unterbrochenen Halbmond von den Taita Hills im südlichen Kenia bis nach Morogoro im Süden Tansanias und zum Südlichen Hochland.
Auf der langen Fahrt nach Daressalam begleiten uns die Gebirgszüge, sie heißen hier Pare-Berge und Usambara- Berge. Das Alter dieses Gebirgsbogens wird auf 100 Millionen Jahre geschätzt.
Wahrlich „alter Boden".
Wenn ich mir das Alter dieser Erdmassen bewußt mache, dann werde ich ganz ehrfürchtig und meine

Alltagsprobleme schrumpfen auf ein Normalmaß zurück. Was ist doch unser Leben kurz im Vergleich zu den Jahrmillionen von Jahren, die diese Erde schon existiert. Umso wichtiger, bewußt und gut und gerne zu leben!

Geräusche Afrikas

Wer zu uns zu Besuch kommt, genießt erst einmal die Stille. Außer den Grillen, die zirpen, ist am Abend und in der Nacht nichts mehr zu hören.
Jeden Abend pünktlich um 19.30 h oder 20.30 h, je nachdem ob in Europa Sommer- oder Winterzeit ist, überfliegt die KLM - Maschine aus Amsterdam auf dem Weg zum Kilimanjaro Intenational Airport unser Haus, wo sie 15 Minuten später landet.
Und doch gibt es ein paar Geräusche, die dann in der Stille um so lauter scheinen. Und die einfach typisch für Afrika sind. Wenn ich sie nach einem langen Deutschland-Urlaub höre, weiß ich, ich bin wieder zurück. Gegen 3.00h in der Nacht fangen die Hähne zu krähen an. Da viele Leute auf ihren Grundstücken Hühner halten, gibt es entsprechend viele Hähne. Leider haben unsere direkten Nachbarn auch einen. Er kräht direkt unter unserem Schlafzimmerfenster. Wenn er anfängt, dann gibt es eine Kettenreaktion und nach ein paar Sekunden kommen die Antworten aus allen Richtungen. Und nun gibt es das Spektakel ungefähr jede Stunde bis zum Morgen. Aber auch tagsüber melden sie sich immer mal wieder zu Wort.
Tansanier lassen sich von den Hähnen und dem Hühnergegackere überhaupt nicht stören. Überhaupt sind sie nicht geräuschempfindlich und sie können auch beim größten Krach schlafen, bzw. machen selber viel

Krach. Es sind laute Leute. Immer wird laut ins Telefon geschrieen, was allerdings auch der schlechten Qualität der chinesischen Telefone geschuldet ist. Aber man ruft sich auch seine Begrüßungen oder was man sonst noch so sagen möchte über weite Distanzen zu. Immer laut! Immer fröhlich!
Ein anderes Geräusch, das es so in Deutschland nicht gibt, ist das Geräusch, wenn Wasser aus einem großen Wasserhahn mit viel Druck in einen leeren Plastik-Eimer läuft. Das beginnt in der Regel um 6.00 h morgens. Seit wir an das öffentliche Wasserleitungssystem angeschlossen sind, hat jeder auf seinem Grundstück vor dem Haus einen eigenen Wasserhahn mit Wasseruhr.
Wenn es einmal oder zweimal die Woche Wasser gibt, füllt sich unser großer Wassertank automatisch. Er steht auf einem Eisen-Beton- Turm und ist höher als unser Haus. Von hier kommt das Wasser in unsere Wasserleitungen und in die Toiletten-Spülkästen.
Viele unserer Nachbarn haben zwar moderne Häuser und Badezimmer und Toiletten im Haus, aber kein fließend Wasser. Sie waren es gewohnt, das Wasser mit Eimern vom Brunnen zu holen. Jetzt wird das Wasser mit Eimern vom Draußen-Wasserhahn nach drinnen getragen. Immer wenn Wasser da ist, werden also viele Eimer gefüllt, um Vorrat zu haben.
Und das dritte typische Geräusch ist das Geräusch von Motorrädern. Autos und Lastwagen fahren vorallem tagsüber ab und zu bei uns vorbei, aber das Haupttransportmittel abseits der Hauptstraßen ist das Motorrad-Taxi. Zwischen 18 und 21 Uhr abends herrscht reger Motorrad-Betrieb, denn dann kommen die Leute alle von der Arbeit nach Hause.
Wenn man mir die Augen verbinden würde und mich irgendwo hinstellen würde, ich würde mein Zuhause an

den Geräuschen erkennen.
Und am Geruch. Viele Leute kochen draußen auf Holzfeuern.

Grzimek

Bevor ich zu Herrn Grzimek komme, will ich erzählen, was ich neulich gehört habe.
Wir haben einen sehr netten älteren Nachbarn, der hier wo wir wohnen schon geboren wurde und aufgewachsen ist. Er erzählt, die Mitglieder seiner Familie waren hier die einzigen Bewohner weit und breit. Das Land war Massai-Steppe, wo Kühe und Ziegen weideten. Es war von vielen Akazienbäumen bestanden. Und wo Akazienbäume sind, finden auch Giraffen Nahrung. So gab es hier viele Giraffen, Zebras und Antilopen. HIER, so dicht an der heutigen Stadt Arusha. Das ist jetzt 50 Jahre her. Auf einem unserer Spazierwege kommt man noch durch einen ganz kleinen Akazienwald, aber von Giraffen, Zebras und Antilopen keine Spur. Vereinzelt kann man noch Affen oder Buschbabys sehen.
Das Land ist längst verkauft, auch wir haben ein Stück gekauft, und dicht bebaut. Noch ist die Straße unbefestigt, aber in ein paar Jahren wird auch hier eine Asphaltstraße sein und wir werden „Stadt" sein.
Daran kann man sehen, wie schnell die Menschen in die Natur vordringen und sie verändern.
Und man kann sehen, wie wichtig es ist, die Natur, Landschaft und wildeTiere, wenigstens an einigen Stellen zu schützen, um sie nicht gänzlich auszurotten.
Und hier kommt Herr Grzimek ins Spiel.
Viele jüngere Leute in Deutschland können mit dem Namen Grzimek nichts mehr anfangen. Meine

Generation und noch ältere Leute wissen, dass Bernhard Grzimek gemeint ist. In Tansania kennen alle Safariguides und Ranger den Namen und „verehren" den für den tansanischen Naturschutz wichtigen Mann.
Bernhard Grzimek, geboren 1909, war Tierarzt und wurde nach dem 2. Weltkrieg Direktor des Frankfurter Zoos.
Anfang der 1950er Jahre bereiste Bernhard Grzimek Afrika – zum einen, um Tiere für seinen Frankfurter Zoo zu fangen, zum anderen, um das Verhalten afrikanischer Tiere in freier Natur zu studieren und um hieraus Rückschlüsse für eine artgerechte Haltung der Tiere in einem Zoo ziehen zu können. Der drohende Untergang der afrikanischen Tierwelt durch übermäßige Jagd und die Zerstörung ihrer Lebensräume durch den Siedlungsdruck der Menschen, der ihm bei diesen Exkursionen bewusst wurde, veranlasste ihn zu einem lebenslangen Engagement für die Wildtiere Afrikas. Hierfür nutzte Grzimek geschickt auch das aufkommende neue Massenmedium Fernsehen.

Schon unter deutscher Kolonialherrschaft und später unter britischer Kolonialherrschaft wurden erste Wildtierreservate errichtet, um dem Schwund der wilden Tiere entgegen zu wirken. Auch für zukünftige Generationen sollten die wilden Tiere erhalten bleiben. Ende der 1950ziger Jahre gab es dann aber Pläne, einige dieser Naturparks zu verkleinern und durch Zufügen anderer Gebiete wieder auszugleichen.
Und nun Bernhard Grzimek mit seinem Sohn Michael eine wichtige Rolle. Sie lernten fliegen und kamen auf einer abenteuerlichen Reise mit einer kleinen Propellermaschine von Frankfurt nach Tansania geflogen.

Vom kleinen Flugzeug aus, das wie ein Zebra angestrichen war, um die Tiere nicht zu sehr zu irritieren, zählten und dokumentierten sie die jährlichen Wanderrouten der Gnus und Zebras, was als „große Tierwanderung" oder „Big Migration" bekannt ist. Es entstanden dabei auch die Aufnahmen für den Film „Serengeti darf nicht sterben", der 1960 mit einem Oscar ausgezeichnet wurde.

Als 1959 ein Geier in den Propeller des Flugzeuges flog, stürzte das Flugzeug ab und Michael kam ums Leben. Er wurde auf dem Rand des Ngorongoro-Kraters in einer Steinpyramide beigesetzt.

Das Flugzeug-Wrack kann man noch heute in Berlin im Technik-Museum anschauen.

Vater Bernhard machte unermüdlich weiter und kämpfte hauptsächlich für die Serengeti und den Ngorongoro Krater. So verhinderte er zum Beispiel, dass ein Hotel in den Kratergrund gebaut wurde.

Aber auch in Deutschland kämpft er für den Naturschutz. Es ist mir gar nicht möglich hier alles aufzuzählen. Es sei nur noch erwähnt, dass er von 1970- 1973 Beauftragter der Bundesregierung für den Naturschutz unter Willy Brand war und er 1975 zusammen mit Horst Stern und 19 anderen den Bund für Umwelt und Naturschutz in Deutschland BUND gründete.

Im Informationszentrum in der Zentralserengeti ist ein Raum Bernhard Grzimek gewidmet. Er hat den Namen Serengeti auch in Deutschland bekannt gemacht.

Bernhard Grzimek starb am 13. März 1987 in Frankfurt am Main. Seine Urne wurde später nach Tansania überführt und neben seinem Sohn Michael beigesetzt.

Handys

Vielen Besucherinnen und Besuchern, die ein bißchen Land und Leute abseits der Safaristrecken kennen lernen, fällt das einfache, manchmal auch arme Leben der Tansanier auf. Und es fällt ihnen auf, egal wie arm jemand gekleidet ist, jeder hat ein Handy!
Auch mir fiel das bei meinem ersten Besuch in Tansania vor einigen Jahren auf. Wir waren in einem Massai-Dorf. Die Frauen und Männer waren nur mit Massai-Tüchern bekleidet und um ihren Hals hing ein Lederbeutel, in dem ein Handy steckte.
Ja, manchmal haben sie echt nichts zu essen, aber ein Handy muß sein.
Inzwischen habe ich das auch verstanden. Selbst wenn man keine Geld hat, die Handygebühren zu bezahlen, so kann man anders als in Deutschland, einen Anruf empfangen. Man kann auch ohne Handy-Kredit, eine begrenzte Zahl von Nachrichten verschicken, die da lauten: „Bitte ruf mich an."
Und noch wichtiger als die Kommunikation, über das Handy kann man mit M-Pesa, dem elektronischen Geldsystem, Geld verschicken, aber noch wichtiger empfangen. Man kann sich das Geld im nächsten kleinen Laden, der von dem Telefonanbieter autorisiert ist, das Geld mit seiner Telefonnummer und einer Transaktions-Nummer auszahlen lassen, oder es „im Telefon lassen" und ansparen. Da viele Menschen gar kein Bankkonto haben, ist so ein Handy unerläßlich.
Und wer gar kein Handy hat, hat wenigstens eine Sim-Karte und eine Telefonnummer. Dann muß man sich eben gelegentlich ein Handy von einem Freund oder Verwandten leihen, seine eigene Sim-Karte einlegen und seine Geldgeschäfte tätigen.
Dass jemand kein Handy hat, kann gelegentlich

vorkommen. Was häufig vorkommt, ist dass jemand zwei oder drei SIM-Karten hat. Durch die neuen Dual-SIM-Handys hantiert man wenigstens dann nicht mehr mit zwei oder drei Handys, sondern nur noch mit ein oder zwei. Meine Schwägerin Anett, hat sogar vier SIM-Karten, weil sie abwechselnd in Daressalam und in Arusha wohnt. In Daressalam und Sansibar sind die Anbieter Tigo und Zantel vorherrschend, in Arusha Vodacom und Airtel und neuerdings Halotel. Damit das Telefonieren nicht extrem teuer wird, muß man für einen bestimmten Betrag sein SIM-Karte mit dem Guthaben der entsprechenden Telefongesellschaft im Prepaid-Verfahren aufladen und dann ein „Offer", ein Angebot für drei Tage, eine Woche, etc. kaufen. Das Offer beinhaltet Megabyte für den Internetgebrauch, meistens sehr, sehr viele SMS und dann Telefonier-Minuten: wenige Minuten in fremde, tansanische Netze und mehr Minuten in das gleiche Netz. Möchte ich also ausführlich mit jemandem telefonieren ohne gleich mein Guthaben verbraucht zu haben, gucke ich was für eine Telefongesellschaft jemand hat und dann nehme ich die gleiche, vorausgesetzt, ich habe dafür Kredit. Anett telefoniert also mit ihren Freunden in Daressalam am besten von ihrem Tigo-Handy auf deren Tigo-Handy. Ruft sie aber jemanden in Arusha an, dann wählt sie ihr Vodacom oder Airtel-Handy, je nachdem was für eine Nummer der Anzurufende hat.
Klingt kompliziert und ist es auch.

Hierachien

Am Anfang meiner Zeit in meiner neuen Familie hier in Tansania fiel mir auf, dass immer der Jüngste geschickt wurde, um etwas Vergessenes im Laden an der Ecke zu besorgen oder um in meiner Küche um Salz oder Streichhölzer, etc. zu bitten.
Warum bitte kann die Köchin und Hausfrau, James älteste Tochter, die im Nachbarhaus James Bruder und alle Kinder der Familie bekochte und versorgte, nicht selber kommen.
Nur langsam begriff ich, der in der ausgeprägten Hierachie etwas niedrig Stehende wird immer zu Botengängen geschickt, ob man ihn gerade bei einer Tätigkeit stört oder nicht. Daran wird überhaupt kein Gedanke verschwendet. Und nicht etwa nur von den Erwachsenen. Auch die Kinder untereinander folgen diesem Verhalten „gnadenlos".
Sitzt man am Eßtisch bekommt auch das jüngste Kind zuletzt die Schüssel gereicht, egal wie oft die Schüssel dafür kreuz und quer über den Eßtisch geschoben wird.
In unserer Familie gilt die Regel „Mama zuerst", das ist was sehr Ungewöhnliches, denn normalerweise heißt es „Baba kwanza". Wenn ich mit Emanuel, unserem letzten zuhause verbliebenen 19 jährigen am Tisch sitze, nachdem ich gekocht und den Tisch gedeckt habe, will ich eigentlich eine Minute verschnaufen. Am liebsten hätte ich, dass der hungrige Junge sich schon mal auftut, dann wäre auch ich bereit. Aber das würde er nicht übers Herz bringen, die Hierachie sagt, dass ich zuerst komme.
Emanuel ist froh, dass alle Anderen auswärts in Internaten zur Schule gehen bzw. an der Uni sind. Er genießt sein Zimmer alleine für sich zu haben. Aber es hat auch Nachteile. Wenn schnell etwas einzukaufen ist,

etwas im Garten zu tun ist, oder einem Nachbarn eine Nachricht überbracht werden soll, ist er der Einzige, den wir um Erledigung bitten können.
Und dann ist er heilfroh, wenn einer der beiden anderen jüngeren Kinder in den Ferien aus dem Internat zurück ist. Dann gibt er gnadenlos alle Aufträge weiter. Und sie müssen es tun, ohne Widerspruch, weil sie jünger sind.
Und wenn Emanuels älterer Bruder in den Semesterferien zuhause ist, dann hat der arme Junge noch mehr Stress, denn dann muß er auch noch dessen Aufträge ausführen. Es sei denn, ein noch jüngeres Kind ist da, an den er es weiter delegieren kann.
Auch in den Begrüßungen wird die Hierachie zementiert. Eine ältere Person wird mit „Shikamo" angeredet, worauf dieser dann „Maharaba" sagt. Diese förmliche, hierachische Begrüßung hält sich auch in der Familie. Vor jedem „Guten Morgen. Wie hast du geschlafen?" wird erst einmal „Shikamo" und „Maharaba" ausgetauscht. Und das gilt auch für die Geschwisterkinder untereinander. Auch sie grüßen sich mit „Shikamo" und „Maharaba", bevor es irgendwelche anderen Dinge zu klären gibt und bevor sie sich streiten und schlagen. Es wird immer klar gestellt, wer hier der Ältere der ganzen Kinderschar ist. Und so machen es James und seine Geschwister auch gegenseitig.
Bei Freunden und Leuten auf der Straße erfolgt die Begrüßung auch nach diesen Regeln.

Die Begrüßung „Shikamo" zeugt von Respekt, Älteren gegenüber und wird sehr ernst genommen. Da ärgere ich mich immer, wenn ich, weil ich weiß bin und die Leute vermuten, ich kenne ihre Grüße nicht, mit dem häßlich, kurzen, harten „Hi" abgespeist werde, dem

Gruß den wir den Amerikanern und Australiern hier zu verdanken haben.
Manchmal rede ich mit den Kindern und frage sie, was ihre Mutter wohl tun würde, wenn sie sie mit „Hi" begrüßen würden. „Sie würde uns bestrafen. Wegen Respektlosigkeit." Ja, genau!
So genau man es mit dem Altersunterschied nimmt, so genau werden auch die Verwandschaftsbeziehungen in der Elterngeneration benannt.
Wenn ich in Deutschland mit jemandem über meinen Onkel oder meine Tante spreche, dann muß ich oft dazu sagen, ich meine meinen Onkel, den Bruder meiner Mutter. Oder meine Tante, die Frau des Bruders meiner Mutter. Wenn man das System hier einmal verstanden hat, ist es ganz klar.
Es gibt die Mutter, die Mama. Die Tanten mütterlichereits werden je nachdem ob sie älter oder jünger sind mit Mama Mkubwa (große Mutter) oder Mama Mdogo (kleine Mutter) bezeichnet.
Sind sie Schwestern des Vaters oder Ehefrauen der Brüder des Vaters heißen sie Shangazi (Tanten).
Die Bezeichnung Djomba, Onkel, trifft dann auf die Brüder der Mutter zu.
Gehen wir auf die väterliche Seite der Familie, dann gibt es neben dem Vater, dem Baba, die Baba Mkubwas, also die älteren Brüder, und die Baba Mdogos.
Selten sind die Tansanier sonst in ihren Verwandschaftsbezeichnungen so klar, denn oft hört man, der und der ist mein Bruder. Bruder heißt aber auch Cousin oder jemand mit dem man aufgewachsen ist oder ein guter Freund. Das Gleiche gilt für die vielen Schwestern, die man haben kann.
Hier ist die Verwandschaftsbezeichnung sehr weit gefaßt und ganz und gar nicht korrekt und kann auch zu

vielen Verwirrungen führen.
Zurück zur Hierchie. Das führt natürlich zu viel Respekt (echt oder künstlich, sei dahin gestellt) und Tabus. Emanuel war für eine Woche alleine zu Besuch bei seiner Shangazi (James Schwester) in Daressalam. Als er zurück kam, habe ich gefragt, wer denn noch alles gerade bei der Schwester im Haus leben würde. Unter anderem erzählte er, dass die erwachsene, verheiratete Tochter seiner Schwester mit ihrem Kind bei der Mutter leben würde. Auf meine Frage, ob sie denn nicht mehr mit ihrem Mann zusammen sei, antwortete Emanuel er wisse es nicht, diese Frage sei ihm nicht erlaubt zu stellen.
Überhaupt dürfen die Kinder besonders am Eßtisch nur Reden, wenn sie gefragt werden. Eigene Fragen zu stellen, geht zumindest am Tisch nicht. Deshalb geht es oft beim Essen sehr schweigsam zu, was für mich sehr befremdlich ist.
Zum Glück sind unsere Kinder nun Erwachsen oder Fast-Erwachsen und es gibt gleichwertige, interessante Tischgespräche. Die Kinder in der Rolle der Nur-Zuhören-Dürfenden bekommen allerdings sehr, sehr viel mit und ziehen ihre Schlüsse daraus.
Schwieriger finde ich es immer noch, wenn wir James jüngere Brüder eingeladen haben. Einen oder beide. Sie reden in James Gegenwart nur, wenn sie gefragt werden, und das ist für mich sehr mühsam.
Joseph, der jünste von James Brüdern, ist um die 30 Jahre alt, aber der einzige, der noch nicht verheiratet ist und keine Kinder hat. Er wird immer noch von James und besonders dem ältesten Bruder John sehr viel herumkommandiert. So muß er schon mal seinen Job als Taxifahrer widerspruchslos sein lassen und für irgendeine Erledigung für John nach Daressalam reisen und dort tagelang bleiben, ob es ihm paßt oder nicht.

Als ich zu James sage, dass ich das aber als ziemlich respektlos empfinde, sagt James, solange Joseph keine Frau und Kind hat, wird er so behandelt werden. Joseph wiederum gibt diesen Druck gerne weiter, sobald er eine Gelegenheit dazu hat. Am liebsten an Emanuel, seinen Neffen. Er ruft Emanuel z.b. abends noch gegen 21 Uhr an und sagt ihm - er bittet nicht - Emanul solle sich auf den Fußweg zu seinem Haus machen, um ihm eine DVD auszuleihen. Und Emanuel muß gehen! Eine halbe Stunde hin und eine halbe Stunde zurück. Oder Joseph steht morgens um 6 Uhr vor unserem Haus, weil John, der im Nachbarhaus wohnt, ihn bestellt hat, um ihn in die Stadt zu fahren. Joseph „rächt" sich an Emanuel, in dem er ihn per Handy weckt, ihm sagt er solle mal in den Garten kommen und ihm dann den Auftrag gibt, meine Blumen zu gießen.
Wenn ich mich fürchterlich über so was aufrege, zuckt Emanuel nur die Schultern. So ist das eben, und bald kommen die Brüder in den Ferien nach Hause und dann kann Emanuel alle Aufträge weitergeben.

Inder

Im Stadtbild vieler tansanischer Städte fallen prächtige Tempelbauten auf.

Wenn man in Arusha - aber auch in anderen Städten Tansanias -, die Haupt-Einkaufsstraße entlang geht, sieht man fast ausschließlich Geschäfte, die Indern gehören. Im Erdgeschoss haben sie ihre Läden, in den zwei Stockwerken darüber haben sie ihre Wohnungen. Die Läden varieren von Schreibwaren, Elektronik, über Lampen bis zu Farben und Baustoffen.

Erst wenn man in die kleinen Seitenstraßen einbiegt, findet man die Läden, die Tansaniern gehören.

Inder sind schon viele Jahrhunderte in allen Ostafrikanischen Ländern bis nach Südafrika die Handeltreibenden. Sie waren ursprünglich auf dem Indischen Ozean mit ihren Handelsschiffen unterwegs. Sie handelten mit Elfenbein, Sklaven, aber auch mit Textilien und Töpferwaren.

Die Omanischen Sultane schätzen das kaufmännische Verständnis dieser indischen Händler und setzten sie in wichtigen Positionen als Beamte ein. Als das Sultanat vom Oman nach Sansibar verlegt wurde, zogen diese Indischen Beamten mit.

Auch die britischen Kolonialherren siedelten Inder für den Bau der Uganda-Kenia-Eisenbahn an. Nach Fertigstellung wurden denjenigen, die im Land bleiben wollten, Posten als Kolonialbeamte angeboten.

Zusätzlich begannen sie ihre eigenen, gut gehenden Läden zu eröffnen.

Die Inder, die wir heute antreffen, sind größtenteils schon in Tansania geboren und sprechen fließend Ihre jeweilige Indische Sprache, Englisch und Kisuahli.

Die Tansanier mögen die Inder in der Regel allerdings überhaupt nicht. Viele behandeln ihre tansanischen

Angestellten sehr ausbeuterisch mit niedrigen Löhnen. Die Hierachie ist in den Geschäften nicht zu übersehen. Der Tansanier macht die Arbeit und wird von seinem indischen Chef durch die Gegend geschickt, während er manchmal erhöht, manchmal versteckt in einer dunklen Ecke sitzt und die Tansanischen Angestellten überwacht und das Geld kassiert.

Im Straßenbild sieht man zwar eine Menge indischer Tempel, aber außerhalb der Geschäftszeiten kaum Inder, auch nicht auf dem Markt oder abends in den einheimischen Bars. Die Inder leben sehr isoliert, nur unter sich. Mischehen mit Afrikanern sind nicht gestattet. Die Ehefrauen werden aus Indien importiert. Und Freundschaften zwischen Tansaniern und Indern scheint es auch nicht zu geben. Und ich glaube, auch nicht, dass es Freundschaften zwischen Indern und Weißeb gibt. Wir kennen keinen einzigen Inder privat und kennen auch niemanden, der einen kennt.

Julius Nyerere

Fast jede Bar, fast jedes Restaurant in Tansania hat einen oder mehrere Fernseh-Bildschirme, die ununterbrochen flimmern. Es gibt kaum einen Tisch, von dem aus man nicht das aktuelle Programm verfolgen kann. Am beliebtesten sind Fußballübertragungen aus England, Tansania, Spanien und manchmal Deutschland- in dieser Reihenfolge. Übertragen von Sendern aus Tansania, Südafrika oder Saudi-Arabien. Wenn es mal keine Live-Übertragung gibt, dann kann man sich Wiederholungen unzählige Male anschauen. Außer Fußball wird auch noch gerne der Kanal von „National Geographic" gezeigt, auf dem es nur Tierfilme gibt.
Und sonst das übliche Fernsehprogramm: ein Mix aus Spielfilmen, politischen Talkshows, manchmal Comedy. Zum Glück läuft der Fernseher meistens ohne Ton, so daß er nicht zu störend ist.
Aber um Punkt acht Uhr abends schalten alle Wirte ihre Fernseher laut und wechseln auf die Tansanischen Kanäle, um für eine Stunde die Nachrichten zu zeigen. Es muß schon ein sehr wichtiges Fußballspiel laufen, um nicht die Nachrichten zu zeigen.
Tansanier sind an den Nachrichten sehr interessiert und lassen sie nicht aus, egal ob zuhause oder auswärts.
Um 21 Uhr, nach den Nachrichten flimmert dann der Kopf, selten die ganze Gestalt, eines grauhaarigen, älteren Tansaniers mit vollem Gesicht und weicher Stimme für 5 Minuten über den Bildschirm. „Das Testament von Julius Nyerere". Hier wird dem Volk jeden Abend verschiedene Ausschnitte aus seinen Reden gezeigt. Man nennt ihn „Mwalimu Julius Nyerere", den Lehrer.
Er war von Beruf Lehrer und erster Präsident des

unabhängig gewordenen Landes. Er wird ausnahmslos vom ganzen Volk verehrt. Fehler macht jeder, aber in der Summe seiner Entscheidungen hat er viele weise Entscheidungen getroffen, die das Land bis heute nachhaltig prägen.
Dazu gehört in erster Linie, dass er den Tansaniern immer wieder nahelegte, dass die Einheit des Volkes wichtiger sei als die Stammeszugehörigkeit.
Diese Denkweise ist für Afrikaner nicht selbstverständlich. Für sie stellt die Zugehörigkeit zu einem Stamm, auf politisch- korrektem Deutsch, die Zugehörigkeit zu einer Ethnie, die übergeordnete und identitätsstiftende Instanz dar. Die Staatsbürgerschaft ist erst in zweiter Linie wichtig, was verständlich ist, wenn man sich vor Augen führt, dass der Staat ja erst ein in der Kolonialzeit eingeführtes Gebilde ist.
In Tansania gibt es knapp 130 Stämme und auch Stammessprachen. Die bevölkerungsreichsten Stämme sind die Sukuma und Haya im Nordwesten des Landes und am Lake Victoria. Die Chagga im Kilimanjaro-Gebiet, die Gogo um Dodoma herum, die Makonde im Süden, die Nyamwezi im Westen zwischen Lake Victoria und Lake Rukwa oder die Nyakyusa im Südwesten.
Um nur einige zu nennen. Allerdings und zum Glück ist kein Stamm so bevölkerungsstark, dass es zu einseitiger Machtkonzentration kommt.
Nyerere träumte davon Klassen- und Stammesunterschiede zu eliminieren und startete nach der Unabhängigkeit sein „Ujamaa-Programm". Ujamaa kann man mit „familiäre Verbundenheit" übersetzen.
Es war ein umstrittenes Dorfentwicklungsprogramm, das die Menschen aus ihren traditionellen weit im Land verstreuten Siedlungen von Großfamilien in Entwicklungsdörfer (Ujamaa-Dörfer) umsiedelte. Das

Vorbild waren die Kibbuzim in Israel und es galten die Prinzipien: gegenseitiger Respekt, gemeinschaftliches Eigentum und Pflicht zur Arbeit. Die Vorteile der neuen Dorfgemeinschaften waren: Schulbildung und Gesundheitsversorgung in unmittelbarer Nähe. Zwischen 1973 und 1977 wurden 11 Millionen Menschen gewaltsam und unter Militäreinsatz umgesiedelt.
Safarigäste, die in den Lake Manyara Nationalpark oder weiter in den Ngorongoro Krater oder die Serengeti fahren, kommen durch den Ort Mto wa Mbu. Dieser ist eines der ehemaligen ethnisch bunt gemischten Ujamaa-Dörfer.
Leider scheiterte die Idee an den politischen Führern in Daressalam, die keinerlei Interesse am Ideal Nyereres hatten, sondern nur an die eigene Bereicherung dachten. So mangelte es unter anderem an der versprochenen Infrastruktur, wie Strom und Wasser.
Trotz allem muss man festhalten, dass die Alphabetisierungsrate stieg und sich die Gesundheitsversorgung verbesserte. Ehen zwischen Angehörigen verschiedener Stämme sind absolut problemlos und in den größeren Städen hat eine Vermischung der Stämme stattgefunden.
Julius Nyerere hat mit seiner Vision ganz eindeutig zur nationalen Einheit und zur Wahrung des inneren Friedens beigetragen. Darauf sind die Tansanierinnen und Tansanier auch zu Recht sehr stolz.
Außenpolitisch träumte Nyerere von der Unabhängigkeit von Europa und den USA. Er war ein starker Unterstützer der De-Kolonisation Afrikas und der Befreiung afrikanischer Staaten von weißen Minderheitsregierungen.
Unter anderem bot er 1963 einigen afrikanischen Befreiungsbewegungen Daressalam als permanenten

Sitz an und unterstützte sie nach Kräften.
Das sozialistische Gedankengut Nyereres und seine Unterstützung für die Unabhängigkeitsbewegungen führten zu einer frühen und engen Freundschaft mit China, das er zum ersten Mal 1965 besuchte, so wie vier weitere Male während seiner Präsidentschaft.
Julius Nyerere wurde 1922 geboren und stammt aus dem Ort Butiama, 45 km südlich von der Stadt Musoma, die am Ostufer des Lake Victorias liegt. In Butiama gibt es das „Mwalimu-Julius-K.-Nyerere Museum".
Nyerere war einer der ersten Tansanier, die in London studierten. Er arbeitete später als Lehrer und gründete 1953 die Tanganyika African National Union (TANU), aus der die bis heute regierende Partei Chama Cha Mapinduzi (CCM, Partei der Revolution) hervorging.
Nach der Unabhängigkeit 1962 wurde er zum Staatspräsident gewählt.
Nyereres „afrikanischer Sozialismus" schaffte es zwar, eine nationale Identität aufzubauen und Konflikte zwischen den Ethnien zu verhindern, Tansanias Wirtschaft blieb jedoch wenig entwickelt. Aus diesem Grund trat er 1985 von seinem Amt als Präsident zurück.
Er starb 1999 im Alter von 77 Jahren.
Obwohl er nicht unumstritten ist, wird er doch als Vater der Nation und Lehrer („Mwalimu"), wie er heute noch genannt wird, national und international hoch geachtet.

Kaffee und Kuchen

Manchmal sind wir Sonntags nachmittags zu einer Feier eingeladen. Obwohl ich weiß, dass es die Tradition von „Kaffee und Kuchen" hier nicht gibt, sondern dass uns deftiges, warmes Essen und Bier erwartet, sitzt der Appetit auf Süsses am Sonntagnachmittag ganz tief in mir drin.
Aber: die wenigsten Tansanier trinken Kaffee. Die Meisten trinken Tee. Obwohl hier im Land Kaffee angebaut wird, ist es ein Luxusgut und viel zu teuer. In Hotels erhält man meist Pulverkaffee.
Richtigen Filterkaffee geschweige denn Kaffee aus den Café-Haus-Maschinen erhält man nur für viel Geld in den Cafés, in die nur Weiße gehen.
Im normalen Laden kann man für viel Geld löslichen „Africafé" kaufen, findet aber keine ganzen oder gemahlene Kaffeebohnen. Bis ich wußte, wo ich sie bekomme, mußte ich lange suchen.
Meistens wird Kaffee in bunte, afrikanische Stoffbeutel verpackt und in Souvenierläden zu europäischen Preisen verkauft.
Kaffee ist ein wichtiges Exportprodukt. Er wächst in der Region am Lake Victoria, im Süden des Landes in Mbeya, in und um Arusha herum und an den Hängen des Kilimanjaro. 90% des Kaffees werden von Kleinbauern in Mischkultur angebaut, der Rest kommt von Kooperativen und großen privaten Plantagen. Die Boomzeit des Kaffee-Anbaus war in den 1960-ziger Jahren. Auch heute macht Kaffee noch einen großen Teil der Exportwirtschaft aus, aber die Kaffee-Farmer leiden unter den schwankenden Weltmarktpreisen.

Zu den besonderen Genußmitteln gehört auch Kuchen. Und deshalb darf Kuchen auf keiner Feier, egal aus

welchem Anlass fehlen. Dies widerspricht gerade meinem ersten Satz dieses Kapitels. Aber nicht wirklich.
Denn dieser Kuchen ist nur für das Brautpaar, die Konfirmandin, den Schulabsoventen, oder wer gerade gefeiert wird, bestimmt.
Dieser Kuchen ist ein einfacher, nicht zu süßer Sandkuchen, der mit buntem Zuckerguss von professionellen Kuchenbäckerinnen kunstvoll dem Anlass entsprechend verziert wird. Er kann aus mehreren Etagen bestehen wie bei Hochzeitstorten. Er kann in Formen geschnitten werden. Zu Herzen. Bei einem Schulabschluss evt. zu einem Buch. Bei Konfirmationen zu einer Bibel. Und so weiter. Mit Lebensmittelfarbe wird er passend zur Saaldekoration eingefärbt.
Meistens ist es nicht nur ein einziger Kuchen, sondern ein ganzes Ensemble.
Der oder die Zufeiernde schneidet an passender Stelle im Programmablauf den Kuchen feierlich an. Eine Helferin schneidet dann den Kuchen in viele kleine Stücke. Jedes Stückchen wird mit einem Zahnstocher versehen. Im Falle einer Hochzeit füttern sich nun Braut und Bräutigam vor jubelnden Gästen gegenseitig mit dem Kuchenstück als Zeichen des gegenseitigen Versorgens.
Und dann werden besonders zu Ehrende von dem oder den zu Feiernden nach vorne gebeten und mit einem kleinen Kuchenstück gefüttert. Das kann sich manchmal lange hinziehen, denn Vater und Mutter sind natürlich die Ersten, aber auch Tanten und Onkel, Pfarrer und Lehrer, besondere Freunde, etc. bekommen ein Stückchen. Und sie bekommen nicht nur ein Stückchen in den Mund, sondern je nach Budget und Anzahl der bestellten Kuchen wird besonderen Gästen

auch feierlich ein ganzer Kuchen in Geschenk-Folie verpackt an den Tisch getragen, den sie mit nach Hause nehmen.
Ich habe es schon erlebt, dass die Leute, die am Tisch saßen, aber ja nicht alle in einem Haushalt wohnen, sich um die Größe und Anzahl der Stücke gestritten haben, die jeder Haushalt bekam. So ein Kuchen ist eben wirklich etwas sehr besonderes und auch ziemlich teuer, denn alles ist aufwendige Handarbeit.
Aber keine Feier ohne „Keki" (vom englischen Wort „Cake").

Keine Garantie

Garantie, was ist das? So was kennen wir hier in Tansania nicht. Ich kann unzählige Beispiele nennen, wo Sachen sehr schnell kaputt gegangen sind, und kein Mensch fühlt sich zuständig irgendwas zu tun. Eine unsere Anschaffung war ein elektrischer Duschkopf. Im Duschkopf wird das Wasser erhitzt, so daß man heiß duschen kann. Ich weiß, ich weiß in Deutschland sind solche Geräte verboten – Wasser und Strom zusammen, das geht gar nicht. Hier kümmert das niemanden und James ist glücklich, dass er nun endlich heiß duschen kann, wie sonst nur in unseren Deutschland-Urlauben oder in teuren Safari-Lodges. Das Vergnügen hat schnell ein Ende. Nach nur dreimaligem Gebrauch ist der Duschkopf kaputt und es kommt nur kaltes Wasser wie gehabt. Das Ding war nicht gerade billig und ich bin empört und will es in den Laden zurück bringen. James sagt, das nützt gar nichts. Es gibt keine Gewährleistung, keine Garantie. Pech gehabt. Doch kalt duschen!
Nach nur drei Jahren haben sich unsere Balkonfliesen einandergeschoben und gegenseitig hoch gedrückt. Es besteht dringend Handlungsbedarf. Die von Freunden empfohlenen Fliesenleger begutachten den Schaden, sagen die damaligen Handwerker hätten keine Dehnungsfugen gemacht und nun reicht es nicht, die schadhaften Stellen zu reparieren, sondern beide Balkons von Neuem zu fliesen. Es nützt nichts die alten, schlechten Handwerker zu rufen. Es gibt keine Gewährleistung. Wie sollten sie es denn auch bezahlen, wo doch jeder nur von der Hand in den Mund lebt und jeder Sack Zement und jede Fliese vom Bauherrn vorher herangeschafft werden muß. Die Handwerker stellen nur ihre Arbeitskraft zur Verfügung. Hoffen wir,

dass die „Zweit-Fliesen" von professionelleren Handwerkern verlegt wurden.
Zur Hochzeit von James Nichte besorgt er Stoff und wir lassen ein Kostüm für mich schneidern. Meine Schneiderin ist randvoll mit Aufträgen und sie empfhielt uns einen jungen Mann in der Nähe. Wir bringen den Stoff zu ihm, er nimmt Mass und macht sich an die Arbeit. Nach einer guten Woche, einen Tag vor der Hochzeit ist das Kostüm fertig und ich probiere es an. Erst der Rock. Er sitzt irgendwie nicht gut. Er kann etwas nachbessern, viel bügeln, dann sollte es gehen.
Jetzt die Jacke. Ganz und gar nichts sitzt. Auftrennen von Nähten, neu nähen, bügeln, es sitzt nicht nur schlecht, sondern gar nicht.
Was sollen wir tun. Wir bringen das Kostüm in die chemische Reinigung, vielleicht kann man mit Dampf etwas richten. Für die Hochzeit ziehe ich halt ein anderes Kleid an.
Auch nach der Reinigung ist das Ergebnis nicht besser. Der junge Mann ist zerknirscht. Wenn ich nochmal Stoff kaufe, würde er mir ein neues Kostüm nähen. Sein Lohn für die Arbeit reicht gerade mal für ihn zum Essen, Geld um neuen Stoff für mich zu kaufen hat er nicht. Aber nochmal Stoff kaufen und zu jemandem bringen, der das gar nicht kann, kommt auch nicht in Frage. Bleibt nur eines: abhaken, vergessen, kein Kostüm!
Zum Glück bin ich schnell im Vergessen, sonst würde dieses Kapitel noch ziemlich lang werden.

Klage und Anklage

Robert ist mit 41 Jahren nach knapp drei monatigem Leiden an verschiedenen Symptomen verstorben. 14 Monate nach seiner Frau, die angeblich an starker Lungenentzündung verstorben ist. Bei der Beerdigung hört man immer einen sehr kurzen Lebenslauf des Toten und die Todesursache. Starke Malaria. Na, wer glaubt das denn? Was ist das für eine Krankheit, die erst den einen Ehepartner in jungen Jahren dahinrafft und dann den anderen?
Obwohl auf jedem Bauschild von Regierungsbauten an unterster Stelle der Satz steht „Ukimwi inua" - „Aids tötet" ist es ein Tabu-Wort und ein Tabu-Thema.
Ich war schon auf vielen Beerdigungen und es wird viel gestorben in diesem Land, aber ich habe noch nie gehört, dass jemand an Aids gestorben ist. Ich bin sehr traurig über den Tod von Robert, denn ich mochte diesen still vergnügten, freundlichen Mann gerne, aber mehr noch, ich bin unheimlich wütend.
Dieser Tod hätte nicht sein müssen. Es gibt inzwischen auch hier gute Medikamente, die das Leben und die Lebensqualität von Aids-Patienten verlängern, sogar kostenfrei.
Warum haben die Ärzte ihm nicht die wahre Todesursache seiner Frau erzählt und gleich mit einer Behandlung angefangen? Mit Sicherheit würde er noch leben und seine Kinder wären jetzt keine Waisenkinder, ohne finanzielle Absicherung.
Warum haben seine beiden Schwager, von denen mindestens zwei die Aids-Diagnose seiner Frau gekannt haben, nicht mit ihm gesprochen? Warum wird immer nur geschwiegen?
Und wenn dann noch sein jüngster Bruder mir sagt, es sei Gottes Wille und unser Leben und Sterben sei in

Gottes Hand, dann fehlen mir die Worte. Egal in welcher Sprache. Zumindest das Sterben von Robert war bestimmt nicht Gottes Wille, sondern Dummheit. Dummheit einer ganzen Gesellschaft, die meint, wenn man nicht darüber spricht, dann passiert es nicht.
Ich habe vor einiger Zeit einen tollen Roman von dem Tansanischen Schriftsteller William E. Mkufya gelesen, dessen deutsche Übersetzung den Titel „Blume des Trostes" hat. Hier geht es um eine Familie in einer Kleinstadt, in der Mutter und Vater HIV-infiziert sind. Der Vater läßt sich nicht untersuchen und leugnet die Krankheit bis es zu spät ist. Während die Mutter auf einen guten Arzt trifft, der sie gut begleitet und behandelt. Sie kann den Tod noch einige Jahre hinausschieben und ihre Kinder auf die Zeit nach ihrem Tod gut vorbereiten.
Am liebsten hätte ich ds Buch unseren Kindern und dem ganzen tansanischen Freundeskreis geschenkt, aber niemand liest. Da nützt es auch nichts, dass dieses empfehlenswerte Buch 2006 in Tansania zum „National Book of the Year" gewählt wurde.
Auch wenn hier über Aids geschwiegen wird, <u>ich</u> werde mit jedem und besonders mit unseren Kindern über die wahre Todesursache von Robert und seiner Frau sprechen! Und ich werde mich nicht scheuen, ihnen den Gebrauch von Kondomen nahe zu legen.
In die weiterführenden Schulen kommen Aids-Präventions-Teams und klären die Schüler gründlich über die Krankheit auf. Aber was ist mit den vielen,vielen Schülern, die mit 14 Jahren die Grund - Schule verlassen? Eltern reden mit ihren Kindern weder über Sexualität noch über Aids. Im Schutzes dieses Tabus, wird das HIV – Virus noch viele Kinder zu Waisenkindern machen. Das ist so unnötig! Und das macht mich wütend und traurig!

Krank

Der Bruder meiner Freundin Gertrude liegt nach einem Verkehrsunfall mit einer Querschnittslähmung im Krankenhaus. Es ist ein Missionskrankenhaus, 90 km entfernt in Moshi. Es ist nicht so teuer wie andere Krankenhäuser, aber soll bessere Ärzte haben. Ob er je wieder im wahrsten Sinne des Wortes auf die Beine kommt, ist die große Frage. Nun wird er auch immer schwächer und muß sich nach nur wenigem Essen übergeben.
Der Arzt bittet Gertrude ein Protein-Aufbau-Präparat und ein Medikament fürs Rückenmark zu finden, weil es in der Krankenhaus-Apotheke nicht mehr vorrätig ist.
Gertrude klappert jede Apotheke in Arusha ab und bittet Leute in Daressalam. Nichts.
Schließlich fragt sie mich, ob ich helfen kann. In nächster Zeit kommt niemand aus Deutschland zu Besuch, den ich bitten könnte, etwas mitzubringen. Und außerdem ist das eine Medikamente in Deutschland verschreibungspflichtig. Wir können es nicht einfach kaufen. Und wenn sich ein Weg finden ließe, wer soll das bezahlen?
Schließlich findet ein Freund von mir das Protein-Präparat und das Medikament in Nairobi.
Und was noch schöner ist, es hilft auch! Und der junge Mann kommt zu Kräften!
Am letzten Sonntag wollten wir gerade zu einem Spaziergang aufbrechen, als es klopfte. Ein ärmlich wirkender Mann und eine Frau standen in ihren besten Kleidern vor der Tür. Sie baten um Hilfe für ein ca. 10 jähriges Mädchen, das ebenfalls nach einem Verkehrsunfall im Krankenhaus liegt. Zur Weiterbehandlung muß es in ein großes Krankenhaus

nach Daressalam verlegt werden. Die Kosten dafür werden auf 7.000 Euro veranschlagt. Wo soll eine arme, ja sogar eine Mittelstandsfamilie so viel Geld hernehmen. Wie üblich wird im Freundes- und Bekanntenkreis und in der ganzen Nachbarschaft gesammelt. Aber bei diesen Summen reicht es nicht und sie müssen größere Kreise für ihre Sammelaktion ziehen. Natürlich geben wir etwas und hoffen, dass sie viele hilfsbereite Menschen antreffen. Denn um diesem Mädchen zu helfen, müssen es viele sein!

Ein anderes Mal stehe ich in der Küche und bereite Frühstück vor. Dabei habe ich einen guten Blick zu unserer offen stehenden Eingangstür und auf die Straße. Ich kann alle Leute, die vorbeikommen, sehen. Ein Passant, ein junger Mann, geht nicht vorbei, sondern kommt zu uns. Er hat ein Stück Papier in der Hand. Ich weiß sofort, was das bedeutet, auch er sammelt für einen Kranken, für Schulgeld oder für eine Beerdigung. Jeder, der etwas gibt, trägt Namen und Betrag ein, so dass es überprüfbar ist.
Dieser junge Mann sammelt auch für eine Operation. Für seine eigene. Auch er hatte einen Unfall. Um seinen Unterschenkel wieder herzustellen, hat man Knochen vom Oberschenkel genommen. Er zeigt mir sein Bein. So genau gucke ich gar nicht hin. Nun soll noch Fleisch und Haut transplantiert werden, um das Bein wieder voll gebrauchsfähig zu machen.
Natürlich gebe ich auch ihm ein bißchen was, denn ich weiß, wenn Viele ein bißchen was geben, kann ihm geholfen werden. Nur so funktioniert es hier.
Gestern habe ich einen großen Betrag an unseren Freund Abel gegeben, dessen Frau seit Jahren an den Folgen von Diabetes leidet und mehr im Krankenhaus als zuhause ist. Sie ist inzwischen so schwach, dass sie

auch nicht mehr arbeiten kann und zum Unterhalt beitragen kann. Die Krankenhausbehandlungen und die Medizin kosten viel Geld.
Deutsche fragen dann immer ganz verwundert nach Krankenversicherung. Wie soll man die bitte bezahlen? Es gibt Krankenversicheungen, die sich staatliche Angestellte und Leute mit geregeltem Einkommen leisten können. Das sind Bankangestellte, Beamte und Lehrer. Aber wer sonst, von den vielen Leuten, die hier tageweise sozusagen als „Freiberufler" arbeiten, kann regelmäßig jeden Monat eine große Summe bezahlen.
Man lebt hier von der Hand in den Mund und manchmal eben von der Solidarität der Anderen.
Dazu kommt, dass die Krankenversicherung oft nur ein Viertel der Krankenhaus-Kosten übernimmt, und auch noch vorschreibt in welches Krankenhaus man gehen soll. Ob das zu teuer ist, um die restlichen Dreiviertel aufzubringen, wird nicht gefragt. Ob die Behandlung dort geeignet ist, egal.
So bleibt am Ende doch nur hoffen und beten, und es auch mit traditioneller Medizin zu versuchen.
Ohne Krankenkasse zu leben ist sehr schwer.
Die staatlichen Krankenhäuser sind Sterbehäuser. Die Medizin ist auf einem schlechten Stand, die Ärzte zu wenig. Der Tod ist hier tatsächlich allgegenwärtig.
Viele Menschen sind krank. Ich glaube, viele Krankheiten sind letzlich Streßkrankheiten, dazu ungesunde Ernährung wegen Unwissenheit über Ernährung und zu wenig Geld, um genügend Obst und Gemüse zu kaufen. Das Leben hier geht zwar entspannter als in Deutschland zu, aber die ewige existentielle Angst wie man seine Familie durchbringt, verursacht echt Streß.
Dazu gehört auch, dass man immer telefonisch

erreichbar sein muß, damit einem keine Jobgelegenheit entgeht. Das ist ja schon bei meiner Waschfrau so. Sie kommt jeden Dienstag, aber wenn z.b. Gäste hier sind und Wäsche haben und ich sie nicht sofort erreichen kann, suche ich halt eine andere. Auch bei uns ist das Handy nie ausgeschaltet und gearbeitet wird, wenn immer sich die Gelegenheit dazu ergibt, egal ob Sonntag oder spätabends. Gesund ist das nicht!

Kriegsgräber

Ich sehe mich auf dem alten Friedhof in der Innenstadt von Arusha um.
Alter Friedhof deshalb, weil er inzwischen voll ist und es einen neuen Friedhof in einem anderen Stadtteil gibt. So etwas wie Grabpflege und Grabbepflanzung gibt es nicht. Kaum jemand geht noch einmal zum Grab, wenn die Beerdigung vorbei ist. Manche Gräber werden mit Steinumrandungen eingefasst und ein Stein mit Namen und Daten wird errichtet. Das war´s.
Andere Gräber erkennt man nach längerer Zeit nur an dem verwitterten Holzkreuz, das am Beerdigungstag auf der Grabstelle errichtet wurde.
So ist dieser alte Friedhof auch mehr oder weniger von Gestrüpp überwachsen. Dennoch entdecke ich einen gepflasterten Weg, der geradewegs auf einen mit einer Mauer eingefaßten Platz zuführt. Schon von weitem kann ich dicht an dicht Sarkophage aus weißem Stein erkennen.

An einem Ende sind individuell gestaltete Tafeln mit Namen angebracht. Einige Tafeln sind mit arabischen Schriftzeichen beschriftet. Erst denke ich, dieses ist der islamische Teil des Friedhofes.
Während ich mich genauer umschaue, erscheint ein junger Mann, der mich freundlich anspricht und mir erkärt, dass dieses Kriegsgräber sind. So wie islamisch glaubende und christlich glaubende Menschen hier friedlich nebeneinander leben, so liegen sie auch auf dem Friedhof nebeneinander.
Aber nun gucke ich mir den Kriegsgräber-Friedhof näher an.
Ich denke natürlich als Deutsche erst einmal an den ersten und zweiten Weltkrieg. Aber für die unfreiwillig in diesen sinnlosen Krieg verwickelten afrikanischen Soldaten, hat man meines Wissens keine Erinnerungsstätten geschaffen.
Bei diesen Kriegsgräbern handelt es sich um den einzigen Krieg, den Tansania geführt hat.

Tansania hat zum Glück eine lange Geschichte des Friedens. 1978 erklärte der Ugandische Diktator Idi Amin jedoch Tansania den Krieg und bombardierte die Städte Musoma und Bukoba am Lake Victoria. Er ließ seine Soldaten in der Grenzregion einmarschieren. Dörfer wurden geplündert und niedergebrannt, weil hier (angeblich) ungandischen Rebellen Unterschlupf gewährt wurde. Die tansanische Regierung schickte 20.000 Soldaten, die sich mit Exil-Ugandern zusammenschlossen und Idi Amins Soldaten bekämpften. Ein Denkmal in Gestalt eines Soldaten in der Nähe des Palace Hotels in Arusha erinnert daran. In den Ländern um Tansania herum, gibt es leider anhaltende Konflikte, so dass viele Menschen ins sichere Nachbarland fliehen. In Flüchtlingslagern an Tansanias Westgrenze leben Geflüchtete hauptsächlich aus Burundi und der Demokratischen Republik Kongo. Zurück zum alten Friedhof.

Der junge Mann, der mir so freundlich alles erklärt, ist ein junger Mann, der auf der Straße bzw. auf diesem Friedhof lebt.

Er hält den Friedhof von Müll sauber und erbettelt sich seinen Lebensunterhalt von den wenigen Friedhofsbesuchern. Ich habe mich über die kurze freundliche Begegnung gefreut. Tote soll man in Ehren halten. Und den Lebenden helfen, dass sie noch lange leben können!

Kwa Mzungu

Wir wohnen seit 4 Jahren in einem großen Neubaugebiet am Stadtrand von Arusha. Als James das Grundstück vor über 10 Jahren kaufte, war diese Gegend fast unbewohnte Massai-Steppe. Hierher führten die Massai und andere Leute ihre Kühe und Ziegen zum Weiden.
Nach und nach verkauften die Massai ihre Grundstücke und ganz allmählich fingen die Leute damit an, Häuser zu bauen. Dabei ist das Interessante, dass es in Tansania (auch in Daressalam) keine Slums gibt. Die Leute, ob arm, ganz arm, reich oder ganz reich wohnen alle zusammen. Jeder baut auf seinem Grundstück ein so großes und luxuriöses Haus wie er kann und möchte, oder auch nur ein einfaches Steinhaus mit Außentoilette und Kochstelle draußen.
Manche legen wunderschöne Gärten an, mit Rollrasen und Korb-Schaukeln. Drumherum eine Mauer, manchmal sogar mit Elektro-Draht obendrauf.
Wenn man durch einzelne Stadtteile läuft, die oft sehr belebt und voller Leute und kleiner, einfacher Häuser sind, wundert man sich, wenn man plötzlich den Blick hinter eine schlichte Mauer werfen kann und ein prachtvolles Anwesen sieht.
So leben die Leute in (guter) Nachbarschaft zusammen. Was uns allerdings fehlt, ist eine Adresse oder

Straßennamen.
Wenn jemand zum ersten Mal zu Besuch kommt, muß man ihm immer ganz genau beschreiben wo man wohnt. Und man beschreibt ihnen, ab welcher markanten Stelle die Besucher die Leute auf der Straße fragen sollen oder die Besucher anrufen sollen, um weitere Direktiven zu bekommen.
Wir wohnen zum Beispiel zwischen der alten und der neuen Apotheke.
Aber uns zu finden, ist sowieso kein Problem. Man muß die Leute nur fragen, wo „die Weiße" (Mzungu) wohnt. Und neuerdings höre ich manchmal, dass Autofahrer anhalten, ihr Telefon rausholen und jemanden anrufen und sagen: „Ich bin jetzt „Kwa Mzungu", das heißt: bei der Weißen, wo muß ich jetzt hin?"
In wenigen Jahren werden soviele Häuser hier stehen und Menschen hier wohnen, dass mit Sicherheit eine Dalla Dalla-Linie (öffentlicher Kleinbus) hier eröffnet wird. Es würde mich nicht wundern, wenn die Haltestelle „Kwa Mzungu" heißt.

Mama, warum ist dein Bauch so dick?

Ein gut befreundetes Ehepaar erwartet sein drittes Kind. Beide sind gut ausgebildet, sprechen fließend Englisch und arbeiten im Tourismus. Aufgeschlossen, jung (Anfang Dreißig) und modern.
Sie haben einen 7 jährigen Jungen und ein 4 jähriges Mädchen.
In wenigen Tagen oder Wochen wird Kind Nr. 3 zur Welt kommen. Beim Ultra-Schall hat der Arzt ihnen angeboten, das Geschlecht zu verraten, aber sie wollen sich überraschen lassen.

Die letzten Tage und Wochen sind mühsam, Upendo liegt unförmig und manchmal leidend auf dem Sofa oder geht ein wenig behäbig spazieren.
Die Kinder fragen sie „Mama, warum ist dein Bauch so dick?", erzählt Upendo mir. Und was antwortest Du? Gar nichts. Das ist eine tansanische Spezialität. Auf unliebsame Fragen zu schweigen. Nun frage ich „aber was sagst Du denn, woher das Baby kommt, wenn du mit ihm aus dem Krankenhaus zurück kommst?" „Wir sagen unseren Kindern, dass wir die Babys im Laden kaufen!" Ich bin eine Weile sprachlos. Dann sage ich, aber sie müssen doch wissen, wie das mit dem Kinder bekommen geht. Upendos Antwort ist, „sie werden mit 14 Jahren in der Schule aufgeklärt." Ich schnappe nach Luft. Schließlich sage ich, „aber das geht doch so nicht". Upendo antwortet mir, „das ist unsere Kultur." Ende des Gesprächs.

Marcella ist weggelaufen

Vor ein paar Tagen erzählte uns unser Nachbar, dass Marcella, ihr Hausmädchen, das schon einige Jahre mit der Familie gelebt hat, weggelaufen sei.
Mir war in letzter Zeit aufgefallen, dass Marcella ziemlich dick geworden ist, aber ich hatte nicht weiter darüber nachgedacht. Die Nachbarsfamilie schon.
Nachdem sie Marcella auf eine mögliche Schwangerschaft angesprochen hatten, hatte sie alles verneint, aber ist dann bei Nacht und Nebel abgehauen. Zuerst wußte keiner wo sie ist. Inzwischen wissen wir zum Glück, dass sie gut untergekommen ist. Gewiß ist, dass sie nicht wiederkommen wird.
Geld hat sie auch nicht. Wie soll sie überleben und wo? Und der Vater des Kindes? Fühlt er sich zuständig?

Mich hat das Schicksal von Marcella auch unabhängig von den aktuellen Ereignissen immer wieder beschäftigt.
Eine tansanische Familie ohne Hausmädchen ist kaum denkbar. Nur bei den allerärmsten Familien muß die Mutter oder Oma zuhause bleiben und sich selber um Haushalt und Kinder kümmern – und hat so natürlich noch weniger eine Chance zu Geld zu kommen.
Aber bleiben wir einfach mal bei unseren Nachbarn.
Der Vater ist Maler, also Anstreicher. Er hat mal kleinere Aufträge in Arusha, aber auch manchmal gute, größere Aufträge, für die er wochenlang weit weg ist. Dann kommt er vielleicht einmal im Monat für ein Wochenende nach Hause.
Und dann gib es lange Zeiten ganz ohne Arbeit. Er macht dann zuhause viel, kümmert sich darum dass der Hühnerstall repariert oder vergrößert wird. Pflanzt im Garten Bananenbäume, optimiert das Wasser-Aufbewahrungssystems, indem er an den Wassertanks tüftelt, säubert das ganz Gelände um das propere, schöne Einfamilienhaus.
Die Mutter, eine freundliche, in der ganzen Gegend sehr beliebte Frau, Anfang 40, verkauft in der Stadtmitte von Arusha auf dem Markt Fische, die sie frühmorgens bei einem Großhändler kauft. Sie kommt abends gegen 20 Uhr müde nach Hause.
Und dann sind da vier Kinder. Der älteste Sohn ist im Internat. Zuhause leben eine 13 jährige Tochter, ein 5 jähriger Sohn und noch eine zweijährige Tochter.
So, und um Kinderbetreuung, Haushalt, Kochen und Wäsche (eine Unzahl von Wäschestücken) zu bewältigen, geht es nicht ohne Hausmädchen. Man bedenke, es gibt keinen elektrischen Herd, nur Holzfeuer oder Holzkohlenfeuer, Wasser wird in Eimern ins Haus getragen, es gibt keine

Waschmaschine, alles wird von Hand gerubbelt, gewaschen und ausgespült, und es gibt Unmengen von Staub und Dreck. Auch wenn die 13 Jährige in geringem Umfang mithilft, ist Hausarbeit mind. ein 16 Std. Job. Und dazu zwei quengelnde, weinende, tobende Kleinkinder.
Der ganz normale Alltag.
Um diese alles zu managen, ist es ein bewährtes System sich junge Mädchen von 14 oder 16 Jahren, die die Schulpflicht erfüllt haben und die 7 Jahre Grundschule abgeschlossen haben, ins Haus zu holen. Meistens sind es Mädchen aus dem weitläufigen Verwandtenkreis, weit weg aus ländlichen Gegenden. Diese Hausmädchen schlafen mit im Mädchenzimmer und sind Familienmitglieder.
Es gibt keinen freien Tag, so wie es für die Hausfrau und Mutter ja auch keinen freien Tag gibt. Es gibt keine Ferien, so wie es für die meisten Tansanier ja auch nie Ferien gibt. Und es gibt oft keine Entlohnung. Kost und Logis. Manche Familie sind in der Lage ein Taschengeld zu zahlen. Unsere Nachbarsfamilie hat über Jahre kleine Summen zurückgelegt, die Marcella bei Ausscheiden ausgezahlt werden sollen. Sie sollte dann eine Schneiderlehre machen, um später die Chance zu haben, damit Geld zu verdienen. Aber ob sie davon wußte?
Ich habe mir oft über Marcellas Zukunft Gedanken gemacht. Sie hat eigentlich nur die Chance, einen Mann zu finden, mit dem sie eine Familie gründen kann, sich dann aus der Verwandtschaft ein Hausmädchen zu suchen, um selber einen kleinen Job zu machen und eigenes Geld zu verdienen. Vielleicht tatsächlich als Schneiderin. Das Hausmädchen wird sie so behandeln wie sie es gelernt hat, wie man Hausmädchen eben behandelt. Um eines klar zu stellen, es ist nicht wie in

anderen armen Ländern wo Hausmädchen wie Sklaven gehalten werden, es ist auch nichts Illegales daran und für Tansanier ist dies ein praktikables System. Nur so funktioniert Kinderbetreuung und Haushalt.
Wie Marcellas Zukunft nun aussieht, weiß ich nicht. Sie tut mir von Herzen leid. Aber sie ist auch kein Einzel-Schicksal.

Mein neues Bügeleisen

Gleich nachdem wir Strom bekommen haben, habe ich zu James gesagt, er solle doch bitte ein Bügeleisen kaufen. Die Vorstellung, sofort wenn ich bügeln will, den Stecker in die Steckdose zu stecken und los zu bügeln, erschien mir doch sehr verlockend. Nicht erst Holzkohle anzuzünden und zu warten bis sie durchgeglüht ist, um damit das Holzkohlebügeleisen zu befüllen, wäre eine Erleichterung.
James sagte, es gäbe in der Stadt nur Bügeleisen aus China mit bekannt schlechter Qualität, die wären nach ein paar Malen Gebrauch, schnell kaputt. Ich solle warten bis er wieder nach Daressalam fährt, dort gäbe es Bügeleisen aus der westlichen Welt.
Und tatsächlich nach nicht allzu langer Zeit bringt er mir eines mit. Es kommt aus Großbritanien sieht nagelneu aus und ist auch in dem dazu gehörigen Pappkarton.
Auf dem Karton prangt das Schild „Faulty GM Returns." Keine Ahnung was GM bedeutet, aber ich lese, dass es in einem Laden in Letchworth am 17.11. 2013 zurückgegeben wurde, weil Wasser herausrinnt. Jemand hat also das neu gekaufte Bügeleisen zum Laden zurückgebracht und wahrscheinlich sofort ein Neues in die Hand gedrückt bekommen.

Dass kein Mensch die fehlerhaft produzierte oder beim Transport beschädigte Ware repariert, ist jedem Kunden klar.
Also Aufkleber drauf und weiterverkaufen in die „dritte Welt", die drittklassige Welt. Na ja, ich habe wenigstens ein elektrisches Bügeleisen und dass immer wieder ein weing Wasser herausrinnt, ist nicht so schlimm, wie sich mit Ascheresten aus dem Holzkohlebügeleisen die frisch gewaschene Wäsche zu beschmutzen.

Mwenge und Uhuru

James Sohn ist ganz aufgeregt. Heute kommt „Mwenge" in die Schule. Mwenge? Wer ist das? Warum die Aufregung? Es wird keinen normalen Unterricht geben. Seit Wochen werden Lieder eingeübt, die heute vorgetragen werden. Es wird, das ist das Wichtigste, gutes Essen und Limonaden geben! Was ist los?
Mwenge bedeutet Fackel. Und Uhuru Freiheit. Beide Begriffe gehören hier untrennbar zusammen.
Als Tansania am 9. Dezember 1961 unabhängig wurde, begab sich ein Läufer mit einer Fackel auf den Kilimandscharo, um sie dort als Zeichen der Unabhängigkeit, der Freiheit aufzustellen.
Seitdem ist die Fackel das Symbol für die Freiheit und das unabhängige Tansania.
In fast jeder Stadt, von denen es in diesem Land nebenbei bemerkt nicht so viele gibt, gibt es ein Uhuru Monument, also ein Freiheits-Denkmal. Manchmal einen Uhuru-Park, oder zumindest eine Uhuru-Strasse.
Es sei hier eingefügt, dass es auch in fast jeder Stadt einen Clocktower, also einen Uhrenturm gibt.

Britisches Erbe aus der Kolonialzeit.
Aber zurück zum Unabhängigkeits-Denkmal (Freiheits-Denkmal). Es ist immer in Form einer Fackel gestaltet, wenn auch die Denkmäler unterschiedlich aussehen. Und eine brennende Fackel, Mwenge, wird auch heute noch als nationales Symbol benutzt, wenn wichtige Ereignisse stattfinden. Viele neu gebaute Brücken, Schulgebäude, Busbahnhöfe, etc. werden durch eine Delegation, die mit der schön gestalteten goldfabenen Messing-Fackel, die von einem Konvoi von vielen Fahrzeugen und Menschen in Uniformen begleitet wird, eingeweiht.
Diese Einweihungen sind sehr bedeutend für die Bevölkerung und ein großes Ereignis.
Es kommt dann aber auch zu so skurilen Situationen, wie auf dem großen Simba-Campingplatz am Ngorongoro-Krater, dass die dringend benötigten und längst fertig gestellten Toiletten und Waschhäuser nicht benutzt werden können, weil die Mwenge samt Einweihungsdelegation noch nicht da war.
Aber da wir gerade bei nationalen Symbolen sind, noch eine Erklärung zur tansanischen Flagge, die die Farben schwarz, gelb und blau und grün hat.
Die Farben stehen für das Land: Schwarz wie die Menschen, Gelb wie das Gold, Blau wie der Ozean und Grün wie die wunderbare Natur hier im Land.
Zurück zur Schule von Emanuel. Heute kommt also Mwenge dorthin, weil die Schule erweitert wurde und einige neue Gebäude mit vielen Klassenräumen gebaut wurden. Ein Festtag für die ganze Schule. Herzlichen Glückwunsch.

Peace Park

In tansanischen Städten, wahrscheinlich in den meisten afrikanischen Städten, sind Grünflächen oder gar richtig schön angelegte Parks rar. Es gibt hier entweder Stadt oder Land, fertig. Arusha ist eine grüne Stadt mit einigen Alleen, und von vielen Stellen hat man einen Blick auf die grünen Hänge des Mount Meru, der die Stadt überragt. Es gibt zwei große Verkehrskreisel, die zu sehr schönen Gärten gestaltet sind. Hier machen die Leute gegen Gebühr ihre Hochzeits- oder andere Festtagsfotos und an den Weihnachtsfeiertagen lagern sie hier auf den Rasenflächen. Ein weiterer schön gepflegter Garten mit Parkbänken im Schatten befindet sich vor dem „Hotel Palace". Vor der katholischen Stadtkirche in einem kleinen Tal gelegen, gibt es auch eine große Grünfläche mit alten Bäumen und Bänken. Dieser Ort ist besonders in der Mittagspause stark frequentiert.
Aber seit Ende 2015 hat Arusha eine neuen „Park". Aus einer vernachlässigten Freifläche am Eingang zur Stadt wurde ein umzäuntes, bewachtes Gelände mit Rasenflächen und Bänken sowie einem Denkmal. Es ist vor allem als ein Erinnerungsort gedacht: die Erinnerung an die Zeit als in Arusha das UN-Tribunal (Strafgerichtshof) zur Aufarbeitung des Genozids in Ruanda arbeitete. Der Strafgerichtshof zog mit ca. 700 UN-Mitarbeitenden aus aller Welt in ein sehr großes Konferenz-Zentrum in der Stadtmitte, das zwischen 1967 und 1977 anläßlich der Gründung einer Wirtschaftsgemeinschaft zwischen Kenia, Tansania und Uganda errichtet wurde.
Die Wirtschaftsgemeinschaft strebte neben der Errichtung eines gemeinsamen Marktes die Förderung

der in allen drei Ländern verbreiteten Sprache Kisuahli als Verkehrssprache an. Dies sollte als Alternative zur Sprache der Kolonialherren, Englisch, sein. 1977 zerbrach die Gemeinschaft allerdings an zwischenstaatlichen Gegensätzen und gegenseitiger Einmischung.
Erst im Juli 2000 wurde die Gemeinschaft neu gegründet. Seit dem 1. Juli 2007 zählen auch Burundi und Ruanda zur „East African Community".

Nach Ende der ersten Ost-Afrikanischen Gemeinschaft hatte Arusha einen großen, leerstehenden Bau im Stil der 60ziger Jahre, der an die deutsche Kaufhaus- und Parkhaus-"Architektur" erinnert. Und: Schwierigkeiten Mieter für die Räumlichkeiten zu finden.
So war es ein großes Glück für die Stadt, das Tribunal hier beherbergen zu können.
Nachdem das Tribunal seine Arbeit 2015 nach 21 Jahren beendete, wurde mit UN-Geldern der „Arusha Peace Park" gestaltet.
Im Park kann man nun die Eckdaten lesen.
Unter anderem lesen wir:
Das Tribunal hatte 6 Präsidenten, die aus dem Senegal, Südafrika, Norwegen, den St. Kites Inseln, Pakistan und Dänemark kamen.
Es gab 4 Ankläger, die aus den Ländern Südafrika, Kanada und Gambia kamen, sowie die bekannte Carla de Ponte aus der Schweiz.
Es gab 93 Angeklagte. 5 Freisprüche im Gerichtsverfahren. 14 Freisprüche nach Revision.
Mehr als 3000 Zeugen wurden gehört.
Es gibt sicher sehr kontroverse Einschätzungen zu diesem Tribunal. Die UN-Präsenz hat der Stadt Arusha auf jeden Fall gut getan, viele Arbeitsplätze geschaffen und Geld in die Stadt gebracht.
Und nun haben wir auch noch einen neuen Park!

Polnische Geflüchtete

Afrikaner fliehen nach Europa! - Aber Europäer nach Afrika?
Ja! Auch wenn es schon mehr als 70 Jahre zurück liegt! Auch auf dem europäischen Kontinent gab es Anfang bis Mitte des 20. Jahrhundert furchtbare Kriege und Vertreibungen. Haben wir das schon vergessen?
Hier in der Nähe von Arusha erinnert ein kleiner Friedhof von Geflüchteten aus Polen daran.
Schon vor längerer Zeit hatte ich ein Hinweisschild zum polnischen Friedhof an der Hauptstraße, die von Arusha nach Tengeru und weiter nach Moshi führt, entdeckt. Das Schild gibt darüber Auskunft, dass es 3,5 km bis zum Friedhof sind. Ein Weg, den ich vor einiger Zeit „unter die Füße" genommen habe.
Man läuft erst eine breite, staubige, unbefestigte Straße entlang, bis man die Schranke zum großen Gelände einer landwirtschaftlichen Ausbildungsstätte passiert. Als ich die Wachhabende nach dem Friedhof frage, bestätigt sie mir, dass ich auf dem richtigen Weg bin. Nur ein paar Meter geradeaus, dann links abbiegen und beim College für Stadtentwicklung noch mal jemanden fragen, denn ab da gibt es viele Abzweigungen. Bevor ich mich dankend auf den weiteren Weg machen kann, fragt sie mich, was ich denn da wolle.
Tansanier kennen unsere deutsche Friedhofskultur nicht. Beerdigungen sind ganz wichtig und man hat zahlreich zu erscheinen, aber dann kümmert sich meistens niemand mehr um das Grab. Die meisten Toten werden auf dem eigenen Grundstück bestattet. Nur wer keinen eigenen Grund und Boden hat, wird auf einem öffentlichen Friedhof bestattet – und diese sehen traurig aus.
Da ich schlecht sagen kann, dass mich die reine

Neugierde bzw. Interesse dorthin treibt, antworte ich der Dame, ich wolle meines verstorbenen Großvaters gedenken. Ah ja!
Von nun an wird der Weg wunderschön, wie ein breiter Wanderweg, gesäumt von vielen Schatten spendenden Bäumen. Als das College nach 15 Minuten in Sichtweite ist, kommen mir drei junge Männer entgegen. Als ich sie nach dem Friedhof frage, sagen sie, der Weg sei ein bißchen schwierig zu finden, aber sie wollen mich begleiten. Sie drehen um und gehen mit mir in die Gegenrichtung. Sie sind Collegestudenten, sprechen gutes Englisch und wissen auch einiges über den Friedhof und die Geschichte. Sie hätten gerade Mittagspause und wollten einen Spaziergang machen. Welche Richtung sie einschlagen, ist ihnen egal.
Und dann bin ich sehr erstaunt über das, was ich sehe. Nach einigen Wegbiegungen erwartet uns ein üppig blühender, sehr gepflegter Garten mit einem breiten, sauber gefegtem Weg zu einem ummauerten und verschlossenen Friedhof. Ich hatte ein paar verstreute, ungepflegte Gräber erwartet und auf eine Erklärungstafel gehofft. Aber hier pflegt tatsächlich jemand das Andenken und schließt uns das Friedhofstor auf.
Er heißt Simon Joseph. Er hat ein kleines Haus vor dem Friedhofstor und ist Gärtner und Führer in einer Person. Er wird von der polnischen Botschaft in Kenia und von Besucher-Spenden bezahlt. Der Friedhof ist polnische, nationale Erinnerungsstätte.
Im Jahr 2001 wurde auch eine Erinnerungshalle mit einigen Fotos und Erklärungstafeln errichtet. So kann ich lesen und Simon Joseph fragen.
So beinahe paradiesisch wie diese Friedhofsanlage ist, so erschütternd ist doch die Geschichte.

Sie reicht zurück zum 1. September 1939 als Hitlers Armee West-Polen angreift und zum 17. September desselben Jahres als die Rote Armee (gemäß des Hitler – Stalin-Paktes) in Ost- Polen einfällt. Man teilt das Land unter sich auf. Der polnische Staat sollte zerschlagen und der „deutsche Lebensraum" erweitert werden. Die Einwohner wurden vernichtet oder vertrieben. Slawische Völker wurden als minderwertige Rassen angesehen. Auch die Polen, die unter sowjetische Herrschaft geraten waren, wurden in Vernichtungslager oder nach Sibirien zum Abbau von Bodenschätzen deportiert. Im September 1941 wurde Hitler allerdings vertragsbrüchig und griff die Sowjetunion an. Nun entließ die Sowjetunion die polnischen Zwangsarbeiter. Ein Teil wurde als Soldaten gegen Hitlerdeutschland eingesetzt. Frauen und Kinder, aber auch andere Freigekommene waren staatenlos, heimatlos und gefangen zwischen zwei Supermächten, die ihnen nach dem Leben trachteten.
Die Engländer, nun verbündet mit der Sowjetunion, stimmten schließlich einem Vorschlag zu, in dem die Vertriebenen über das ganze Britische Reich verteilt werden und in Sicherheit gebracht werden sollten. Das Britische Reich umfasste auch zahlreiche Kolonien. Und so kamen schließlich nach einer langen Reise durch Europa und den Iran, ca. 5000 Polen in dem Dorf Tengeru, in der britischen Kolonie Tanganyika an. Hier lebten sie in einem Flüchtlingscamp und betrieben Viehzucht und Ackerbau. Sie lebten in guter Nachbarschaft mit der einheimischen Bevölkerung. Als nach 10 Jahren, im Jahr 1952, das Camp aufgelöst wurde, wanderte ein Teil nach England oder Amerika aus. Allerdings entschieden sich ca. 1000 Leute dafür,

zu bleiben und Tengeru ihre Heimat zu nennen. Und - in letzter Konsequenz auch zu sterben und begraben zu werden.
Leider starben schon in den ersten Jahren nach ihrer beschwerlichen Reise viele Zuwanderer, besonders viele Kinder. Aus der sibirischen Kälte kommend, wo die Winter bei Temperaturen bis zu -50 Grad Celsius 5 -7 Monate dauern, kamen sie nun in die tropische Wärme. So starben viele an der Grippe oder aber an Malaria. Auf dem Friedhof kann man das an den Jahreszahlen auf den Gräbern ablesen.
Die hier Gebliebenen bauten sich eine neue Existenz auf. Simon Josephs Vater war einer der tansanischen Männer, die von den polnischen Zuwanderern angestellt wurde, um die tansanischen Arbeiter in der Landwirtschaft anzuleiten. Er war es auch, der den Friedhof 32 Jahre lang pflegte, bis er die Arbeit an seinen Sohn übergab.
Heute erinnert nur noch der Friedhof mit seinen ca. 150 Gräbern an diese Menschen und ihre Zeit. Ihre Häuser sind verfallen oder umgenutzt, das Land ist an das Ministerium für Landwirtschaft und Fischerei übergeben, das hier die oben erwähnte Ausbildungsstätte betreibt.
Für einige Jahrzehnte war Tengeru und andere Orte in Tansania, Kenia oder Uganda, Simbabwe und Südafrika ein „sicherer Hafen" für diese leidgeprüften Menschen.

Prediger

Im Schneiderladen meiner Freundin Gertrude hängt seit einiger Zeit ein gut gekleideter Mann Ende Dreißig herum, der mit einem großen, auffälligem Smartphone „spielt". Gertrudes Laden ist zu den Öffnungszeiten immer offen, weit offen: die Tür und auch das große Fenster hat keine Scheiben. Sie sitzt direkt an dem Fenster und außen vor dem Fenster steht eine kleine Besucherbank. Besucher sind immer willkommen. Auch ich gehe nie vorbei, ohne wenigstens ein paar Worte zu wechseln.
Der Mann, der oft im Laden sitzt, wird mir als ihr Bruder und Prediger vorgestellt. Und schon merke ich, dass Ärger in mir aufsteigt. Gestern hat er auch noch etwas gesagt wie, ich solle ihm eine Kollekte, sprich Geld für seine Kirche geben. Und dann habe ich mich nicht mehr unter Kontrolle. Und ich fange an zu diskutieren, trotz meines schlechten Kisuahelis. Und Gertrude näht dabei weiter und grinst in sich hinein. Wenn ich das schon höre, „seine" Kirche. Aber so ist es hier. Jenseits der weltweit anerkannten Kirchen wie der Katholischen, Lutherischen, Anglikanischen, der Baptistenkirche oder den Adventisten, kann jeder, der gut reden kann eine Kirche gründen.
Er besorgt sich ein Mikrophon, eine „sie" habe ich noch nicht erlebt, und fängt an, in irgendeiner Ecke in der Stadt oder im Wohngebiet zu predigen. Jeden Tag um die gleiche Zeit. Tansanier lieben viele Geschichten und Witze. Neben Fußballspielen im Fernsehen, ist dieses ja auch die einzige Unterhaltung. Nach ein paar Tagen bringt er Plastikstühle, so daß er bequemer ist, und christliche Chormusik vom Band. Außerdem einen Kollektenkorb, um schon mal Geld einzusammeln. Nach einer weiteren Woche, wird das kleine Stück Land,

auf dem das Ganze stattfindet, gemietet und mit einigen Stecken und mit einer Plastikplane abgegrenzt. Um zu zeigen, dass jeder willkommen ist, wird der Lautsprecher noch lauter aufgedreht, so daß die gesamte Gegend beschallt wird. Die Leuten drängeln sich, man zieht auf eine größeres Gelände um, baut aus Holzresten und Wellblech die erste „eigene" Kirche. Heizt dem Volk weiter ein, sammelt in kürzester Zeit mehr Geld und nach einem Jahr kann man eine Kirche aus Steinen bauen. Nach weiteren wenigen Monaten hat der „Pastor" genug Geld für ein dickes Auto zusammengesammelt, denn er will ja auch alle seine „Schäfchen" besuchen. Bevorzugt werden die offensichtlich Wohlhabenderen besucht, denn mit denen und ihrem Geld kann er neue „Projekte" und Ideen auf die Beine stellen. Und so nebenbei für sich selber auch was zur Seite schaffen.

Ein Studium der Theologie haben die Meisten nicht absolviert. Irgendwelche Bücher von christlichen Gurus gelesen und dann wird einfach losgepredigt. Ob das alles theologisch so haltbar ist, interessiert weder Prediger noch Gemeinde.

Beliebte Aussage ist, dass wer wirklich Christ ist zu Geld kommen wird. Und diese Prediger leben es ja vor. Es gibt in Arusha eine große Kirche, die nur Menschen, die mit einem eigenen Auto kommen, in ihrem Gottesdienst erlaubt. Zeichen für Wohlstand und göttlichen Segen.

Was mich wundert ist, dass das niemand hinterfragt. Die Menschen strömen zu den kleinen und großen Kirchen und sitzen über viele Stunden und hören gerne zu, am Sonntag manchmal den ganzen Tag, oder am späten Nachmittag. Manche Kirchen veranstalten ihre Gottesdienste auch in der Nacht, ab 22 Uhr. Um Mitternacht ist der Himmel angeblich offen und wenn man dann laut betet und weint und bittet, dann hört Gott besonders gut. Und der Prediger reduziert auch die Lautstärke seiner nächtlichen Predigten und Gebete nicht, so daß auch die Nicht-Kirchgänger alles aus dem Bett miterleben können. Als ich James frage, ob die Nachbarn das nicht als Ruhestörung erleben, sagt er, die meisten fühlen sich gesegnet.

All das kommt in mir hoch, wenn ich Gertrudes Bruder treffe. Ein anderer Bruder von Gertrud liegt seit knapp einem Jahr vom Hals abwärts querschnittsgelähmt nach einem Verkehrsunfall im Krankenhaus. Er bekommt alle Therapien, die man hier machen kann, und medizinische Versorgung. Die Familie hofft auf ein Wunder Gottes und vollständige Heilung. Als ich das bezweifele, spielt mir der Prediger-Bruder sofort von seinem Smartphone ein Video vor, in dem ein Gelähmter geheilt wird. Ich sage ihm, dass das doch eher die Ausnahme als die Regel sei, aber das ich das dem kranken Bruder wünsche.

Und dann muß ich ganz schnell gehen, diese Diskussionen mit dem Prediger machen mich hochgradig wütend. Ich glaube, dass viele nur ihren eigenen Geldbeutel im Blick haben und die Leute sind so gutgläubig, dass sie noch ihr letztes Hemd geben. Ich habe mir vorgenommen, nächstes Mal, wenn ich den Prediger in Gertrudes Laden sehe, nur kurz grüßend vorbei zu gehen.

Recycling

Ich weiß nicht, wie Wikipedia „Recycling" übersetzt und erklärt, aber ich würde es so erklären: Recycling ist, wenn man gebrauchte Dinge nicht wegwirft, sondern sie umfunktioniert und wieder verwendet. Etwas, was in Tansania perfekt und ständig passiert.
Ich habe vor einiger Zeit, einen alten Wollpullover, der schon kleine Löcher hatte, zu meiner Schneiderin gebracht und sie gebeten, die Ärmel dieses Pullovers an eine Weste zu nähen, die ich nie getragen habe, weil es mir ohne Ärmel einfach zu kalt ist. Das war <u>mein</u> Recycling-Projekt.
In der kalten Jahreszeit kam ich mal wieder bei meiner Schneiderin vorbei und sah, dass sie ihre nackten Füße auf ein warmes Kissen stellte, da es vom Betonfußboden her sehr kalt war.
Ich mußte zweimal gucken, aber dann merkte ich, dass der Kissenbezug aus meinem Pullover-Rest bestand, das war <u>ihr</u> Recycling-Projekt.
Gebrauchte Kleidung wird von den zahlreichen Änderungschneidern, die an jeder Ecke sitzen, ohne Probleme passend gemacht. Wenn ein Hemd zu weit ist oder eine Jeans zu groß, wird sie eben enger genäht.
Besonders deutlich wird die Wiederverwendung bei den 1,5 Liter oder 0,5 Liter Trinkwasser-Plastikflaschen. Viele Leute sind dankbar, wenn man ihnen einen große Tasche mit leeren Flaschen vorbeibringt. In diese Flaschen wird zum Beispiel Öl zum Kochen aus großen Eimern zum Weiterverkauf gefüllt. Oder Petroleum.
In den Restaurants wird selbstgemachte Flüssigseife in die Flaschen gefüllt. In den Deckel wird ein kleines Loch gebohrt und schon kann man daraus seine Seife entnehmen. In die kleinen Flaschen kann man Salz füllen, in den Deckel kleine Löcher machen und schon

gibt es Salzstreuer.
In fast allen Apotheken werden die Tabletten, die man hier einzeln kaufen kann, in Tütchen gefüllt, die aus altem, bedrucktem Schreibpapier selber hergestellt wurden.
Aus alten Autoreifen machen die Massai sehr stabile Sandalen, durch die sich die Dornen der Massai-Steppe nicht hindurchbohren. Alte Autoreifen und Schläuche werden aber auch zu dünnen, langen Schnüren zerschnitten. Auch wir haben zuhause eine ganze Kiste voll davon. Damit kann man alles mögliche festbinden, ohne dass es reißt. Jedes Motorradtaxi führt diese „Gummis" mit sich und kann viele Waren festzurren.

Unser Nachbar hat neulich einen seiner zwei Hühnerställe abgerissen. Nein abgerissen ist das falsche Wort. Sehr sorgfältig Brett für Brett auseinadergeklopft, die Nägel herausgezogen, wieder gerade geklopft und alles vorsichtig aufgestapelt. Falls er mal wieder etwas bauen möchte.
Und mein Schwager John ist gerade dabei aus einem

alten Küchenschrank Bretter, Türen und Böden zu entfernen und abzuschleifen, weil er einen neuen Einbauschrank in das Jungenzimmer baut.
James wirft auch nie etwas weg. Man kann es noch mal wieder für etwas anderes verwenden- und darin ist er sehr kreativ – oder weiterverkaufen.
Die Auto-Sitzbezüge haben wir neulich erneuert und die alten Sitzbezüge an der Tankstelle gelassen.
Vielleicht findet der Tankwart jemanden, der sie brauchen kann.
Unser altes Sofa ist mit Schaumstoff aufgepolstert und neu bezogen. Keiner sieht, dass es schon mindestens in seine „dritte Runde" gegangen ist.

Reise-Beschreibungen

Am Lake Eyasi
„111 Orte, die man gesehen haben muß", diese Buchreihe habe ich schon ein paar Kapitel früher erwähnt. In den Büchern werden bekannte, aber auch eher unbekannte Orte in einzelnen Städten beschrieben und führen selbst Einheimische zu neuen, spannenden Orten.
Als wir vor einiger Zeit in die „Kisima Ngeda Lodge" am Lake Eyasi kamen, dachte ich spontan an diese Buchreihe und, daß ich für Tansania eines Tages zumindest „11 Orte, die man gesehen haben muß", empfehlen möchte. 111 Orte zu finden, ist bestimmt in diesem großen Land auch möglich, aber für eine einzelne Autorin vielleicht eher ein Lebenswerk, wenn man es denn seriös betreiben möchte.
Nun also zur „Kisima Ngeda Lodge".
Zur Vorgeschichte muß man erzählen, dass James und ich einen Kurzurlaub machen wollten, weil wir beide

dringend Erholung brauchten. Deshalb Kurzurlaub, weil ein Tansanier „Urlaub machen" gar nicht kennt. Wer selbstständig ist, wie fast alle, arbeitet immer. Wer mit Vertrag in irgendeinem Unternehmen angestellt ist, hat zwar seinen vertraglich festgelegten Jahresurlaub von 4 Wochen, aber nutzt ihn, um zuhause Dinge zu erledigen oder vielleicht mal um Verwandte in der Heimatregion zu besuchen. Obwohl James Urlaub wirklich genießen kann und auch immer sagt, dass es wichtig ist, um den „Geist zu erfrischen", sind mehr als 3- 4 Tage nicht drin.
Also: es war so weit. Das Ziel, den Lake Eyasi habe ich gewählt, da ich die Gegend noch nicht kannte.
Der Lake Eyasi befindet sich in der Nähe der Ngorongoro Conservation Area, zu der der weltberühmte Ngorongoro Krater gehört. Und genau deshalb haben wir dieses Ziel noch nie angesteuert. Wenn wir mit uns besuchenden Freunden unterwegs sind, geht es natürlich immer in den Ngorongoro-Krater oder in die Serengeti, und dann ist das Geld alle und die Zeit rum. James sagte auch immer, es sei dort nicht so interessant. Ja, für ihn, als Wildtierliebhaber vielleicht, denn am Lake Eyasi gibt es nur Affen, Vögel und Fische.
Aber: wunderschöne Natur. Natur pur und Stille.
Nachdem wir in Karatu abgebogen sind und ca. 50 km eine unbefestigte Straße vorbei an Kaffeefarmen, Zwiebelfeldern und anderen landwirtschaftlich genutzten Flächen gefahren sind, erreichen wir den See. Der Lake Eyasi kann in der Regenzeit bis zu 70 km lang werden, in der Trockenzeit kann er wie ein ausgetrockneter Tümpel aussehen.
Um den See herum gibt es Dörfer bzw. Ansammlungen von Häusern und es gibt die herrliche „Kisima Ngeda Tented Lodge".

Tented Lodge heißt, dass man in festen Zelten wohnt, die alle mit schönen Möbeln, Kokosteppichen und Badezimmern ausgestattet sind. Das schwer auszusprechende Wort Kisima Ngeda ist der Name des Dorfes, der in der Nähe der Lodge liegt.
Und dann gibt es hier nur noch Stille. Ein echter Ort zum Entspannen. Wenn man auf der kleinen eigenen Veranda vor dem Zelt genug auf den See geschaut hat und der Stille gelauscht hat, kann man auf der Sandpiste, die in die Dörfer führt, spazieren gehen. Autoverkehr gibt es so gut wie keinen, höchstens ab und an ein Motorrad. Wer den Rückweg nicht mehr schafft, kann mit so einem Motorradtaxi zurück fahren. Man kann am Seeufer entlang spazieren, im Swimmingpool plantschen und abends bei einem Feuer auf das Abendessen warten. Außer gutem Essen, einer kleinen Bar und Stille gibt es hier nichts. Ein wahrer Luxus.

Und wem die „Nur - Stille" und „Natur - pur" zu langweilig sind, kann auch Unternehmungen buchen.
Nur hier am Lake Eyasi lebt noch das Volk der Hadzabe. Sie werden auch Buschmänner genannt.
Vermutlich kamen sie schon vor 10 000(!) Jahren in diese Gegend und leben noch heute wie ihre Vorfahren in der Steinzeit als Jäger und Beeren-Sammler. Sie sind nur einfach bekleidet und sie bewohnen keine festen Häuser, sondern leben unter Zweigen und Gestrüpp unter Bäumen. Unfaßbar, unvorstellbar.
Manche Familiengruppen leben weit weg von jeglicher Zivilisation hier in der Einsamkeit des
Lake Eyasi. Manche haben sich dem Tourismus geöffnet und nehmen Gäste mit auf die Jagd und zeigen ihnen wie sie leben.
Eine andere Volksgruppe, die man hier am Lake Eyasi besuchen kann, sind die Dagota. Ein Volk, das ähnlich wie die Massai vom Hüten des Viehs lebt. Drei Dagota Familien beherrschen die Kunst des Schmiedens. Alte Vorhängeschlösser oder andere Eisenteile werden auf Holzkohle eingeschmolzen und in Formen gegossen, um daraus Armreifen, Ohrringe oder Gegenstände des alltäglichen Gebrauchs herzustellen. Scharfe Speerspitzen mit vielen Widerhaken werden gehämmert und an die Hadzabe verkauft, die diese für die Jagd brauchen.Was mich daran fasziniert ist, dass es komplettes Recycling ist.
Unser Kurzurlaub endete leider nach 4 Tagen, aber ich hoffe so sehr, bald mal wieder dorthin fahren zu können. Es war die komplette Erholung und ist mein neues „Sehnsuchts-Ziel", wovon es allerdings mehrere gibt.
Mal sehen, wann ich meine persönliche Liste mit „11 Orten, die man in Tansania gesehen haben muß", fertiggestellt habe?

In den Usambara-Bergen

Auch die Usambara-Berge sind eine Reise wert. Wir waren dort vor kurzem mit unserem Besuch aus Deutschland. In Arusha ist es im November sehr heiß und durch die kurzen Regenfälle während der kleinen Regenzeit auch oft recht schwül. Auch für die Küste ist es im November zu heiß, das Meer badewannen-warm. So lag es nahe in die klimatisch angenehmen Usambara-Berge zu reisen.
Schon die Deutschen in der Kolonialzeit liebten das Klima der Usambara-Berge. Kolonialbeamte fuhren gerne nach Wilhelmstal (das heutige Lushoto) zur Erholung und Missionare gründeten hier nicht weniger als 17 (!) Missionsstationen. Es wurde sogar überlegt, den Ort Lushoto zur Hauptstadt von Deutsch-Ostafrika zu machen. Wenn man durch den Ort spaziert, sieht man noch verfallene Häuser aus der Kolonialzeit. Das alte Gefängnis wird immer noch genutzt und auch die Post. Man findet auch noch einen alten Friedhof im Ort mit Gräbern von Deutschen. Ansonsten ist Lushoto zwar der Hauptort der westlichen Usambara-Berge, aber nicht weiter interessant. Wenn man sich die alten Häuser angeguckt hat und einmal über den Markt gebummelt ist, kann man sich getrost dem Wandern zuwenden.
Wir sind mit unserem Wanderführer Agrey im Magamba- Regenwald gewandert bis zum 1840m hohen Magamba Peak. Der offizielle Name ist Kigulu Hakwewa Peak. Wir wanderten durch Felder und an Obstbaumwiesen (Pfirsiche und Pflaumen!) vorbei, langsam aufwärts. Immer wieder gab es herrliche Ausblicke ins Tal, manchmal dichten Wald, in dem wir Colobus- Monkeys (schwarz-weißer Jackenaffe) in den Baumwipfeln entdeckten.

Während der Autofahrt von der Abzweigung in Mombo hinauf nach Lushoto und auch auf unseren Wanderungen sahen wir nicht nur unendlich viele Felder, teilweise extrem steil, teilweise im Terassenbau sondern auch Steine-Klopfer.
An einigen Stellen in den Granitfelsen werden kleine Feuer gelegt, so dass sich Risse im Gestein bilden. Nun kann man Stücke herausklopfen und an einem Ort sammeln. Diese Steinbrocken werden dann von Frauen und Männer mit einem Hammer in kleine Steine gehauen, so daß Schotter entsteht. Eine unheimlich mühevolle Arbeit, die in Deutschland Maschinen übernehmen. Die fertig behauenen Steinhaufen werden dann regelmäßig von kleinen Lastwagen abgeholt und für den Straßenbau oder für Fundamente von Häusern verwendet.
Die anderen Lastwagen, die man unterwegs antrifft, sammeln die an der Straße in großen Säcken bereit gestellten, frisch geernteten Karotten, Kartoffeln oder Weißkohl ein. Natürlich werden auch Tomaten, Bohnen und alles andere Gemüse angebaut. Die steilen Felder der Usambara-Berge liefern das Gemüse für Daressalam. Der Gemüse-Anbau wird auf kleinen, privaten Feldern und komplett in Handarbeit betrieben. Hunderte von Männern und Frauen gehen morgens mit einer Hacke über der Schulter oder auf dem Kopf balancierend zur Arbeit.
An einem Tag sind wir mit unserem Auto noch ein bißchen weiter in die Usambara-Berge hineingefahren, um den kleinen Ort Mlalo zu besuchen.
Nach ca. 2 Stunden Autofahrt von Lushoto aus, durch tolle Landschaft mit vielen Blicken in Bergtäler und kleine Dörfer durchquerend, war ich ganz erstaunt auf einen quirligen Talkessel zu treffen, wo es von Menschen wimmelte. Obwohl es rund um Mlalo viele

Missionsstationen gab, war der vorherrschende Eindruck im Ort der von islamisch gekleideten Menschen.

Ein Freund von James brachte uns in ein kleines, sauberes, neugebautes Hotel namens Gilead Cliff Hotel. Dieses moderne Haus mit großzügiger, moderner Architktur ist wie der Name sagt auf einem Kliff gebaut. Vom Garten aus hat man sowohl tolle Ausblicke ins Tal als auch auf die gegenüberliegenden Felsen. Drei Doppelzimmer, zwei Bäder, ein großer Raum, der Wohn- und Esszimmer kombiniert hat dieses architektonisch besonders gebaute Haus. Die Verwalterin kochte uns auf Bestellung Abendessen und bereitete leckere Chapati mit Ei zum Frühstück am anderen Morgen zu.

James Freund Benja, Chorleiter der lutherischen Kirche unternahm mit uns einen Spaziergang durch den Ort bis hinauf zur „lutherischen Mission". Ein Ensemble aus der Zeit der deutschen Missionare aus Kirche, Gemeindehaus, Pastorenhaus, Schule und diversen anderen Häusern.

Besonders in Mlalo und Umgebung findet man die zweigeschossigen Häuser aus der Kolonialzeit mit geschnitzten, langen Holzbalkonen. Wenige Balkone waren noch sehr gut intakt, einige immerhin noch vorhanden, andere konnte man nur noch erahnen. Es muß den Deutschen hier jedenfalls sehr gut gegangen sein.

Die Nächte in Lushoto und die letzte Nacht bei Soni verbrachten wir in alten Farmhäusern.

Oberhalb von Lushoto waren wir drei Tage in der Irente Farm. Der Name stammt von dem Satz „I rented a Farm". Die Deutsch-Ostafrikanische Plantagengesellschaft gründete 1896 diese Farm. 1918 verloren die Deutschen die Kolonie an die Briten. Der

neue Eigentümer war ein griechischer Farmer. Nach der Unabhängigkeit verkaufte er das Anwesen an die tansanische, lutherische Kirche, die hier die Farm weiter betreibt und eine Schule für Kinder mit Autismus, für blinde Kinder sowie ein Waisenhaus und das Gästehaus unterhält.
Das Besondere an der Irente Farm waren für uns die schönen Ausblicke, sowie ein sehr gemütlich eingerichtetes Restaurant mit Aufenthaltsraum und einer tollen Veranda.
Unsere letzte Nacht verbrachten wir schon ein kleines Stück weiter unten, auf dem Weg nach Mombo, um die weite Rückfahrt abzukürzen. Wir hatten uns das Städtchen Soni ausgesucht, weil im Reiseführer der Markt so nett beschrieben war. Aber als uns mindestens zwanzig Frauen mit ihren Körben mit Obst und Gemüse umzingelten, ergriffen wir lieber die Flucht. Auch hier hatten wir uns eine schöne ehemalige Farm ausgesucht. Sie wurde von einem reichen Sisal-Farmer als Erholungshaus in den Bergen um 1940 erbaut. Nach der Unabhängigkeit und der Einführung eines sozialistischen Systems ging sie in den Besitz des Distriktes über. Der Distrikt verpachtete die Farm an die Maweni-Farm-Company, die das Anwesen heute managt. Ein alleinstehender Schwede in den Mit-Fünfzigern mit traurigen Augen war hier der Hausherr, wir die einzigsten Gäste.
Ein großes Farmhaus umringt von einem Garten mit großem Teich und altem Baumbestand. Die Zimmer alle gut renoviert und mit soliden Materialien eingerichtet, viele Holzeinbauten. Sehr empfehlenswert. Die Farm heißt Maweni-Farm. Der Name leitet sich vom Kiuaheli -Wort „Maweni" ab was „in den Steinen" heißt und die Lage treffend beschreibt. Zwischen lauter kleinen und großen Felsen liegt das

Anwesen in einer Talsohle.
Unsere Wanderung führte uns gerade am Ende des Garten steil aufwärts auf ein Felsplateau, wo wir auf ein großes Dorf trafen. Und dann ging es im weiten Bogen langsam wieder bergab, über und unter uns steile Felder, tolle Aus- und Weitblicke.
Von Soni aus ging es dann am nächsten, dem 6. und letzten Tag nach Sakarani. Eine Benediktiner-Mission, die bis heute von den Brüdern und ihren Mitarbeitern betrieben wird. Wir wollten natürlich die Anlage sehen, aber vorallem wurde uns der Laden empfohlen, um dort hausgemachten Wein und Macadamia-Nüsse zu kaufen. Allerdings war der Bruder, der den Ladenschlüssel hatte, nicht da. Father Samuel, der gerufen wurde, als wir Besucher auftauchten, war erst nicht so erfreut, in seiner Arbeit gestört zu werden, taute allerdings schnell auf, bis er uns sogar in das Wohnzimmer der Brüder einlud und eine Flasche Wein öffnete, damit wir den Wein wenigstens mal probiern konnten.
Ein langjähriger Farmarbeiter führte uns zu den Macadamia- Nußbäumen, in die mit modernen Maschinen ausgestattete Schreinerei sowie in den Weinberg.
Die Benediktiner betreiben neben dieser Farm Schulen für Mädchen. Nun ist es Father Samuels Aufgabe, die Gründung einer Schule auch für Jungen in dieser Gegend voranzutreiben, damit auch für sie gute Schulbildung gewährleistet werden kann. Eine, wie ich finde, wichtige Aufgabe.
Wir haben viel erlebt in den Usambara-Bergen und doch noch lange nicht alles erkundet, was es zu sehen gibt. Eine Fortsetzung ist sicher.

Wanderung zu den Elefanten-Höhlen
Elefanten-Höhlen, was ist das? Elefanten leben nicht in Höhlen. Ein Ausflug führt uns dorthin Leider kommen wir ein paar Jahre zu spät, die Höhlen sind inzwischen eingestürzt – und trotzdem war es eine wunderschöne Wanderung.
Wir starten mit unserem Auto in Mto wa Mbu, dem Ort in der Nähe des Lake Manyara Nationalparks. Die Straße führt in Serpentinen aufwärts und wieder abwärts nach Karatu, einer kleinen, quirligen Stadt. Von weitem schon guckt man auf die Berge des Ngorongoro-Krater- Hochlands. Wir verlassen in Karatu die Asphaltstraße und biegen irgendwo in eine unbefestigte Straße, die uns nun immer näher an den Fuß der Ngorongoro-Berge führt. Die Felder sind bewirtschaftet, an einem Farm-Eingang biegen wir ab und fahren weiter in die Einsamkeit, bis wir vor eine kleinen Ranger-Büro stehen.
Hier gilt es den Eintritt zu bezahlen, denn unser Wanderweg gehört schon zum Ngorongoro-Schutzgebiet (Ngorongoro-Conservation-Area). Jeder erhält einen Wanderstock und los gehts.
Mit uns kommt ein Ranger, um uns zu beschützen, falls wir auf Elefanten oder Büffel treffen, und uns Pflanzen- und Tierwelt sehr fachkundig zu erklären. Große Tiere sehen wir nicht, das ist mir auch recht so. Wer will schon wirklich ungeschützt Aug in Aug einem Elefanten oder Büffel gegenüber stehen. Aber wir sehen Paviane, viele Vögel und viele, viele Schmetterlinge. Der Weg führt in Windungen sanft aufwärts. Es ist nicht anstrengend und man kann die Landschaft in aller Ruhe bestaunen. Es geht durch dichte Wälder, die sich bis zum Lake Manyara über knapp 30 km ziehen. Der Ranger erklärt uns, dass es ein zusammenhängendes Waldgebiet ist und sich die Affen von Baum zu Baum

bis zum Lake Manyara und zurück bewegen können, ohne den Erdboden zu berühren und der Gefahr ausgesetzt sind von ihren Feinden angegriffen zu werden. Faszinierend. Ich hoffe, dass dieser wunderbare Wald noch lange erhalten bleibt. Immerhin gehört er schon zum geschützten Gebiet. Das Ngorongoro-Hochland ist kein Nationalpark, sondern heißt Ngorongoro-Conservation-Area, weil es im Gegensatz zum Nationalpark einigen Menschen erlaubt ist, hier zu wohnen. In diesem Fall wohnen in diesem Gebiet die Massai mit ihren Viehherden.
Nach einer guten Stunde Spaziergang erreichen wir die Elefanten-Höhlen. Morgens früh und abends kommen Elefanten hierher, um die rote, mineralhaltige Erde zu fressen. Im Laufe der Zeit haben ihre Rüssel richtige tiefe Höhlen geformt. Schade, dass sie eingestürzt sind. Die rote Erde schmeckt den Elefanten allerdings immer noch. Übrigens auch Schmetterlingen. Immer wieder beobachten wir Trauben von Schmetterlingen am Boden, die die Erde in sich hineinsaugen.
Nach kurzer Fotopause geht es weiter zum höchsten Punkt eines sehr tiefen Wasserfalls. Wer Höhenangst hat, sollte ein bißchen Abstand nehmen. Nach einer guten weiteren halben Stunde erreichen wir wieder unseren Hauptweg und stehen nach insgesamt 3 Stunden gut gelaunt wieder im Ranger-Büro und verabschieden uns mit reichlichem Trinkgeld von unserem engagierten und sehr netten Führer.

Momella
Momella gehört zum 2. Ort, den ich auf meine persönliche Liste, der „11 Orte, die man gesehen haben muß", sezten würde. Die Gegend Momella liegt teilweise im, teilweise am Rand des Arusha Nationalparks. Momella ist ein Wort aus der Sprache,

des hier ansässigen Meru-Stammes und bedeutet ein großes Gefäß, im dem Wasser ist. Ich nehme an, dass es sich von den beiden Momella-Seen ableitet.

Leute der älteren Generation kennen noch den Film „Hatari" von 1961, in dem John Wayne, Elsa Martinelli und Hardy Krüger mitgespielt haben. Und genau hier in Momella wurde das Filmhaus gebaut. Hardy Krüger verliebte sich so sehr in diese Gegend, dass er nach Ende der Dreharbeiten dieses Filmhaus samt großem Grundstück gekauft hat. Der Präsident des erst kürzlich unabhängig gewordenen Tansanias Julius Nyerere ermutigte Hardy Krüger ein Touristenhotel zu eröffnen, denn man war gerade dabei, den Kilimanjaro Internationl Airport ganz in der Nähe fertig zu stellen und auf Touristen zu hoffen.

So baute Hardy Krüger neben das Filmhaus, das als Haupthaus mit Restaurnt und Rezeption diente viele kleine weiße Bungalows im Stil von Rundhütten mit Dächern aus Banananblättern.

Um die Touristen zu versorgen, baute er eine Farm samt Fleischfabrik auf.

Die politischen Unsicherheiten, die Einführung des Sozialismus mit einhergehender Enteignung veranlaßten Hardy Krüger leider dazu frustriert aufzugeben. Präsident Nyerere verkaufte das Anwesen seinem Freund Alfred Leo, einem sehr reichen Mann, der lange in den USA lebte.

Die Farm samt Fleischfabrik, wurde in Grund und Boden gewirtschaftet. Auch das Hotel, die heutige Momella Wildlife Lodge wird nur halbherzig von einem Verwalter betrieben, der von den in Amerika wohnenden Kindern des vertorbenen Alfred Leo, eingesetzt wurde. Und dennoch, oder gerade deshalb, besitzt die kleine Lodge einen etwas morbiden Charme, den ich so liebe.

Die Bungalows haben die geblümten und gestreiften Tapeten der Sechziger-Jahre, im großen Restaurant, das niemals mehr voll wird, zieren Wandmalereine von Filmszenen die Wände und in der Bar hängen die alten Filmplakate und erinnern an alte Zeiten.
So schön wie die kleine Lodge im blühenden, gut gepflegten Garten ist, umso schöner noch ist ihre Lage. Vor uns erhebt sich der mächtige Kilimanjaro, der sich morgens früh und abends spät von den Wolken befreit und hinter uns der zweithöchste Berg Tansanias, der fast 5.000m hohe Mount Meru, dessen Besteigung man hier auch beginnt.
Und hinter dem Haus im Garten fressen sich Giraffen an den Blättern der Akazienbäume satt. Wenn das nicht ein schöner Ort ist?

Ruhestand

Nach und nach gehen die ersten deutschen Freunde von James und mir in den Ruhestand. Meistens mit großer Feier. Sie schicken davon Fotos, wir Glückwünsche. James kann das nicht verstehen. Wie kann X oder Y nicht mehr arbeiten! Immer wieder fragt er mich diese Frage. Ich antworte dann, dass das ja nicht heißt, dass die Leute nichts mehr tun. Nun ist Zeit, sich Hobbys zu widmen zu Reisen oder ehrenamtliche Arbeit zu übernehmen. Sowohl Hobbs Reisen als auch Ehrenamt (wenn man mal vom Kirchenchor absieht), kennt hier keiner.
Auch hier werden Lehrer und andere Angestellte und Beamte pensioniert, aber dann arbeiten sie intensiver an ihrem bisherigen zweiten Standbein weiter, zum Beispiel dem Betrieb einer Bar, eines Barbershops für Männer, einem Laden oder ähnlichem. So einen echten Ruhestand, ohne um Geld kämpfen zu müssen, kennt hier keiner.

Scherzfreund

Ein paar Kapitel vorher habe ich geschrieben, dass in Tansania das Stammesdenken überwunden sei. Ja, das ist es, dennoch ist man sich seiner Abstammung sehr bewußt. Wenn man jemanden neu kennenlernt, fragt man gelegentlich „von welchem Stamm bist Du?", wenn man es nicht sowieso am Akzent, mit dem jemand Kisuahli spricht, hört. Das ist in Deutschland nicht anders. Man kann manchmal hören, aus welcher Region jemand stammt und manchmal fragt man einfach, ob Bayern oder Baden, Ostfriesland oder Ruhrgebiet.

Wenn James telefoniert, höre ich schon daran wie er Leute begrüßt, wer es sein könnte. Und dann gibt es einige Situationen, die mich am Anfang sehr verwirrt haben. Ironische Anspielungen und Geschichten, die ich für die Wahrheit genommen habe. Nach den Telefonaten habe ich ihn dann zum Beispiel gefragt, stimmt das, dass Chris für drei Monate nach Amerika geht? Stimmt das, dass Joseph von seinem Vater 300 Kühe geerbt hat und nun Bauer wird? Usw. Es fiel mir auf, dass er immer mit den gleichen Leuten diese Scherze machte. Bis er mir dann erklärte, dass es „Scherzfreunde" gibt. Watani. Ein Einzelner ist Mtani. Der Begriff kommt von dem Wort Utani, Scherz. Im Wörterbuch wird Mtani mit „enger Freund" übersetzt, was aber das Ganze nicht richtig trifft.
Der Mtani kommt aus tiefer Vergangenheit, in der es Bündnisse verschiedener Ethnien in Ostafrika gab. Jedem Stamm wurden einige andere Stämme zugeordnet, um sich gegenseitig z.B. beim Reisen in fremde Gegenden zu unterstützen. Eine erkrankte Person erhielt Hilfe und ein unterwegs Verstorbener wurde von seinen Watani bestattet.
Diese Bündnisse haben eine lange Tradition und wurden dadurch gefestigt, dass man mit Personen, die der „Utani-Allianz" angehören, Scherze machte. Dies geschieht auch heute noch und wird vorallem genutzt, um in Städten Freundschaften zu schließen.
James ist ein Sukuma aus einer Region in der Nähe vom Lake Victoria. Die Watani der Sukuma sind unter anderem die Leute aus den Usambara Bergen.
Besonders häufig höre ich ihn mit seinem Kollegen Chris, der aus den Usambara Bergen stammt, am Telefon Scherze machen, wir würden sagen er veräppelt ihn. Und umgekehrt. Und die beiden haben große Freude daran. Andere Länder, andere Sitten!

Strassen-Sanierung

Gestern kam unsere „Botschafterin" mit einem Brief vom Ortsbürgermeister zu uns. Die sogenannte Botschafterin ist die für einige Straßenzüge zuständige Vertreterin, die mit ihren anderen Kolleginnen und Kollegen dem Ortsbürgermeister untersteht, und für alle unsere Belange als erste Ansprechpartnerin dient. Und sie ist auch zuständig, um die Post vom Ortsbürgermeister in jedes Haus zu bringen, denn ein Briefträger-System wie in Deutschland gibt es hier ja nicht. Wie immer geht es in diesem Brief ums Geld. Man bittet bzw. erwartet 50.000 Tansanische Schillinge von jedem Haushalt mit einem Auto. Es ist für die Reparatur unserer unbefestigten Straße. Und die Reparatur ist dringend notwendig. Jetzt am Ende der diesjährigen Regenzeit kann man sehen, was die Wassermassen, die in den letzten 10 Wochen fast ununterbrochen vom Himmel gekommen sind, angerichtet haben. Teile der Straße sind weggeschwemmt, tiefe Löcher sind entstanden und manche Abschnitte sind mit dem Auto unpassierbar geworden.
Natürlich zahlen viele Menschen Steuern und die sind nicht weniger hoch als in Deutschland, dennoch kommt vieles von dem Geld nicht bei uns Bürgern an. Wenn sich nicht genügend Leute an der Sammlung beteiligen, wird die Straße nicht repariert werden können. 50.000 Tansanische Schillinge sind zwar umgerechnet „nur" 20 Euro, aber für uns ist das viel Geld. Ein Mann auf dem Bau verdient an einem 10 Stunden Tag gerade mal 10.000 Tansanische Schillinge und meine Waschfrau muß für diesen Beitrag 10 Vormittage lang waschen. Ich bin gespannt, ob die Strassenreparatur klappt und wann?!

Strom und Wasser

Seit ein paar Monaten haben wir tatsächlich Strom und sind an das öffentliche Wasserleitungsnetz angeschlossen. Viele Freundinnen und Freunde, denen wir das erzählt haben, fragen nun wie sich unser Leben verändert hat.
Eigentlich gibt es keine Veränderung. Wir haben trotz Strom keinen Kühlschrank. Zum einen ist ein Kühlschrank wie auch ein richtiger Herd viel zu teuer. Zum anderen habe ich mich gut daran gewöhnt, immer frisch zu kochen. Und immer wieder mal wird der Strom gekappt und es gibt für viele Stunden oder den ganzen Tag keinen Strom.
Das macht uns eigentlich nicht viel aus. Aber wer ein Handwerk hat, hat ein Problem. Auch darum dauert es oft lange, bis das Auto repariert, der Schrank gebaut oder die Balkongitter angefertigt sind. Ohne Strom, keine Arbeit. Auch Internetcafés, Friseursalons mit Trockenhauben, Copy- und Printshops (wer hat schon einen eigenen Drucker zuhause) und Geschäfte, die die Fotos ausdrucken sind betroffen. Oft geht man in die Stadt, um was zu erledigen und dann heißt es, es gibt keinen Strom. Da man nicht weiß, wie lange das dauert, kann man eigentlich gleich wieder nach Hause fahren und es am nächsten Tag wieder versuchen. Einige Geschäfte haben einen Generator und nehmen dann einen Aufschlag für den Diesel für den Generator.
Mit dem Wasser ist es genauso. Es ist zwar sehr erleichternd, dass wir an das öffentliche Netz angeschlossen sind, weil man den großen Tankwagen zum Wasserkauf (8.000 Liter) nicht mehr bestellen und bezahlen muß. Er füllte unsere drei Tanks, die dann ungefähr einen Monat gereicht haben.
Nun haben wir einen Wasserhahn mit Wasseruhr vor

dem Haus. Das Problem ist aber auch hier, dass es nur alle 7 bis 10 Tage das Wasser fließt, wenn man den Haupthahn aufdreht. Man muß also immer probieren, ob es gerade Wasser gibt und dann die Tanks auffüllen, damit man nicht tagelang ohne Wasser dasteht, wenn der Tank leer ist.
Man kann sich aber auch daran gewöhnen. Das Leben funktioniert einfach in einigen Dingen anders.

Tom

Ich sah Tom zum ersten Mal vor knapp drei Jahren. Ein ungefähr 16 Jahre alter Massai, bekleidet nur mit den zwei Massaitüchern, die um den Leib geschlungen werden. Die nackten, sehr langen Beine steckten in Massai – Schuhen, Sandalen gefertigt aus alten Autoreifen. Dazu der lange Holzstecken, den jeder Massai mit sich tragen muß und ein Messer, befestigt im Gürtel unter den Massaitüchern.
Sehr verloren sah er aus, als er in unserem Neubaugebiet ankam, und zu schüchtern, um zu grüßen. Aus Longido kam er, einer Gegend weit weg in der Nähe vom Lake Natron und der Serengeti. Hier leben viele Massai-Familien sehr traditionell in armen Hütten und weiden Ihre Rinder und Ziegen. Sehr anspruchslos leben sie, sehr naturnah, und ohne Handyempfang. Abgeschnitten von der übrigen Welt.
In Arusha gibt es Vermittler, die Massai-Jungen Arbeit als Wächter in der Stadt vermitteln. Massai sind geschätzte Wächter, weil sie gelernt haben, keine Furcht zu zeigen und ihr Vieh mit Stock und unter Einsatz ihrer Körperkraft gegen wilde Tiere in der Steppe zu verteidigen. Sie scheuen weder Hitze noch Kälte und sind anspruchslos und anpassungsfähig.

So war es auch mit Tom. Er wurde als Wächter auf der neu einzurichtenden Baustelle auf dem Grundstück gegenüber unseres Hauses angestellt.
Am Tag als er ankam, wurden zwei kleine fensterlose Wellblechhütten gebaut. Eine für ihn zum Schlafen und eine für die Werkzeuge für die Baustelle. Seine Aufgabe war es nun, über die Baumaterialien wie Sand, Steine, Holz und Zement zu wachen. Gelegentlich half er den Bauarbeitern mit Handlangertätigkeiten. Meistens saß er am Rand und sah den Bauarbeitern zu. Auf einem Holzfeuer draußen hat er gekocht und sich mit dem Baustellenwasser gewaschen, seine zwei Massaitücher ebenfalls.
So scheu Tom uns gegenüber war, so scheu war auch ich ihm gegenüber. Er sah so fremd aus.
Aber schon bald, nach dem ersten Geld, kaufte er sich eine Jeans und ein paar T-Shirts und schon sah er ganz nett und nahbar aus. Seine Garderobe wuchs im Laufe von kurzer Zeit beträchtlich an und man sah in nur noch sehr, sehr selten in seinen Massai-Tüchern.
Und wie seine Garderobe wuchs, so wuchs auch das Haus; ein riesiges zweistöckiges Haus, das offensichtlich von jemandem mit viel Geld gebaut wurde.
Als der Rohbau fertig war, zog Tom aus seiner Blechhütte in eines der vielen Zimmer. Nur mit einer Matraze am Boden.
Tom war nun nicht mehr schüchtern, man traf ihn manchmal bei uns im Stadtteil in einem der Läden, wo er gerne viel Fleisch kaufte, das Lieblingsessen der Massai. Jeden Morgen grüßten wir uns und tauschten ein paar Sätze aus. Wenn ich das Haus verließ, sagte ich ihm Bescheid, damit er auch ein Auge auf unser Haus warf, was er ohnehin tat.
So ging die Zeit dahin. Tom gehörte dazu und „sein"

Haus wuchs. Um das Haus herum wurde ein wunderschöner Garten angelegt. Lastwagenfuhre um Lastwagenfuhre guter Boden wurde herangekarrt, schließlich mit Rollrasen bedeckt. Ein Gärtner pflanzte blühende Blumen und kam täglich zum Wässern und Pflegen. Voller Neid schaute ich auf dieses Stück Garten Eden, der mit viel Geld erschaffen worden war. Auch Tom, aus einer Wüstengegend kommend, wo noch nicht mal das Vieh genügend Wasser und Grünzeug findet, kam aus dem Staunen nicht heraus. Inzwischen waren die Handwerker mit dem Innenausbau beschäftigt. Edelste Einbauschränke aus Holz, eine Holztreppe und andere Holzverkleidungen und Verzierungen wurden eingebaut. Küchengeräte hielten Einzug und im Badezimmer ein Whirlpool. Als ich einmal von einem Handwerker hineingerufen wurde, um mir die Pracht anzusehen, kam sogar ich, die ja westlichen Standard gewöhnt ist, aus dem Staunen nicht mehr heraus.

Ab und zu kamen zwei Frauen zum Saubermachen. Und Tom – wohnte in diesem Luxus. Der Besitzer liess zwar eines Tages Möbel liefern, war aber weit und breit nicht zu sehen.

So wachte Tom von nun an oben auf der Terasse in weißen Korb-Garten-Möbeln mit türkisblauen Polstern. Mal sitzen, mal liegend. Oder unten im Garten in einer bequemen, gepolsterten Korbschaukel. Dieses Haus bekam als erstes in der ganzen Gegend Strom und einen riesigen Flachbbildfernseher. Von nun an waren Toms Abende nicht mehr langweilig. Am liebsten guckte er Fußball, aber auch amerikanische Filme, die Afrikanern vorgaukeln, so sähe unser Leben in Europa und Amerika wirklich aus. Ich konnte von oben, von unserem Balkon mitgucken, so groß und hell war der Bildschirm.

Ja, und dann kam der Tag, an dem der Besitzer doch endlich einzog. Tom war verschwunden! Ohne ein Abschiedswort. Wurde nicht mehr benötigt. Ob er wieder zurück in seinem Massaidorf ist? Oder in einer neuen Wellblechhütte einer anderen Baustelle? Was nimmt er mit von diesen Erfahrungen - außer genügend Geld? Er hat auf jeden Fall zwei sehr extrem unterschiedliche Lebensstile und Werte mitbekommen. Ich habe Tom sehr gemocht und – ich vermiße ihn.

Tutions

Es sind Ferien und unsere Kinder sind aus ihren Internaten nach Hause zurück gekehrt. Die ersten Tage vergehen mit Ausschlafen, Freunde treffen, Kleidung waschen. Kaum naht die neue Woche werden wir zur Kasse gebeten. „Ich brauche 40.000 Tansanische Schillinge" sagt Emanuel. „Wofür das?" frage ich zurück. „Tutions" ist die Antwort. „Tjuschen", englisch ausgesprochen auch im Kisuaheli. Das bedeutet soviel wie Privatunterricht. An Strommasten oder an Mauern kleben Zettel, die für Tutions werben. Tutions werden an den schulfreien Samstagen oder in den Ferien von Lehrern angeboten und auch meistens in den Schulen abgehalten.

Die Lehrer, die sonst vor den Klassen unterrichten, die oft mit 50 - 60 Schülern, die sich zu dritt in Zweier-Schulbänke quetschen, vollgestopft sind, bieten gegen Extra-Geld Privatunterricht für 10 – 20 Schüler an und bessern so ihr Gehalt auf.

Emanuel sagt, ohne Tution geht es nicht. In der regulären Schule, ob privat oder staatlich, doziert der Lehrer an der Tafel, ohne seine Schüler zu kennen und zu kontrollieren, ob sie denn überhaupt verstehen, was

sie von der Tafel in ihr Heft schreiben.
Bei den Tutions unterrichtet und erklärt der Lehrer mehr individuell, so daß die Schüler eine Chance haben, den Stoff zu verstehen.
Emauel bekommt seine 40.000 Tansanische Schillinge und wird die Fächer Biologie und Chemie belegen. Die Eltern unserer Nachbarskinder haben dieses Extra – Geld nicht. Diese Kinder toben den ganzen Tag draußen herum. Auch nicht schlecht. Wenn Kinder beides hätten, wäre es wahrscheinlich optimal.

Viele bunte Stoffe und viele Komplimente

Meine deutsche Freundin ist gerade abgereist. In den zwei Wochen, in denen sie hier war, waren wir dreimal in der Stadt in Stoffläden. Sie konnte sich nicht satt sehen und machte fleißig Stoffkäufe, um bei meiner Schneiderin Röcke, Kleider und Hosen nähen zu lassen. Wenn man neue Kleidung möchte, geht man entweder zum Second-Hand-Markt oder Second-Hand-Läden, um gebrauchte Kleidung aus Europa zu kaufen, oder man kauft Stoff und bringt ihn zu einer der unzähligen Schneiderinnnen.
Es gibt Stoffe vom Meter, aber das Übliche sind fertige große Stoffstücke, die ausreichen, um ein langes Kleid samt Schultertuch sogar für eine dicke Frau zu nähen. Diese bunten Stoffe heißen Kitenge.
Und dann gibt es noch eine andere Sorte Stoff, sie heißen Kanga. Genauso bunt, genauso gut geeignet, um Röcke, Blusen oder Hosen, Gardinen, Tischdecken oder Kissenbezüge zu nähen.
Kangas bestehen aus zwei Stoffstücken von jeweils 1,50 m x 1,00 m.
Und Tansanierinnen benutzen den Kanga meistens im

Ganzen. Er wird meistens noch über die Kleidung gewickelt, als Schutz vor Staub und Schmutz, bei der Arbeit oder unterwegs. Und aus Gewohnheit. Selbst junge Frauen wickeln ihn über die Jeans und Nonnen über die Tracht. Meist wird der Kanga über die Hüften gebunden oder unter den Achseln über die Brust gwickelt.

Der Kanga eignet sich aber auch, um Lasten einzuwickeln und auf dem Kopf zu tragen, Kinder darin zu tragen, oder sich damit zuzudecken.

Kanga heißt auf Kisuaheli auch Perlhuhn und mit seinen bunten Mustern und oft Tupfen erinnert er an so ein buntes Tier. Neben den auffälligen Mustern und Farben hat jeder Kanga einen Spruch aufgedruckt.

Wenn ich Stoff kaufen gehe und ich endlich bei den vielen, vielen Farben und Mustern etwas geeignetes gefunden habe und mir zeigen lasse, gucke ich mir den Spruch an. Wenn er mir nicht gefällt, geht die Suche weiter.

Sprüche können sein: „Eile, Eile bringt kein Glück". Oder „Berg und Tal kommen nicht zusammen, aber Menschen", „Wer oft unter der Sonne spaziert, weiß viel", „Liebling, es tut mir leid".

Jede Woche kommen neue Muster in die Läden. Nach einigen Stunden in den Stoffläden sind die Augen müde von den vielen bunten Mustern.

Wenn ich meiner Schneiderin einen Besuch in ihrem kleinen Atelier abstatte, sehe ich immer die zauberhaftesten Kleider aus den schönsten Stoffen. Eine echte Augenweide.

Zur Hochzeit und zu anderen Feierlichkeiten werden normalerweise viele Kangas oder Kitenge-Stoffe verschenkt. Man kann nie genug davon haben.

Ich hoffe nur, dass die tansanischen Frauen noch lange Zeit ihren eigenen Stoffen und Kleidern treu bleiben und die westliche Mode nicht zu bald Einzug hält, wie es in Nairobi beispielsweise schon der Fall ist. Dort sind im Stadtbild die traditionellen Stoffe vollständig verschwunden.

Kangas und Kitenge werden übrigens nur zu einem kleinen Teil in Tansania hergestellt, in nicht gerade guter Qualität. Die meisten guten „tansanischen" Stoffe kommen aus Nigeria oder China.

Mit den farbenprächtigen Stoffen und den figurbetonten Schnitten, den Kopftüchern vom selben Stoff wie das Kleid, sehen die Frauen und auch die Männer in ihren bunten Hemden einfach toll aus.

Und die Leute machen sich auch gegenseitig Komplimente.

„Umependeza" - frei übersetzt: „Du siehst toll aus!"
Wer hört dieses Kompliment nicht gerne? Wenn ich auf die Straße gehe, ist das wie ein warmer Regen.
Natürlich gucken die Frauen eher, was man an hat, als die Männer. Von ihnen kommt oft der Ausspruch

„umependeza", aber auch Männer sind freigiebig mit Komplimenten, ohne es anzüglich zu meinen. Einfach ein kleines Kompliment und das Leben ist ein Stück freundlicher.
Und auch mir entfährt öfters ein „umependeza" und ich freue mich an gut angezogenen Menschen. Und dann lachen wir noch alle und die Welt ist eine kurze Zeit schöner.

Vom Bekleben einer Box. Oder: Qualität „made in China".

Vor ein paar Tagen habe ich unseren Schuhschrank aufgeräumt und festgestellt, dass wir viel zu viele Schuhe haben bzw. dass der Schuhschrank zu klein ist. Um Abhilfe zu schaffen, habe ich beschlossen, die Flip Flops und Hausschuhe, die wir immer unseren Gästen leihen, in einer extra Schuhschachtel im Gästezimmer aufzubewahren. Eine passende Schachtel war zum Glück schnell gefunden. Da bei mir alles immer schön aussehen muß (jeder hat so seine Macken!), habe ich beschlossen, sie mit Geschenkpapier zu bekleben. Eigentlich eine schnelle Sache. Ich bewahre schönes, deutsches Geschenkpapier immer auf, da das was es hier gibt, nicht meinen Geschmack trifft. Zu viel Glitter.
Schnell war die Arbeit getan. Um alles zu stabilisieren und auf Dauer ansehnlich zu halten, beschloß ich die Kanten mit breitem, durchsichtigen Klebeband zu umkleben. Nicht ahnend, dass das eine Nachmittag füllende Tätigkeit sein würde.
Die Qualität des aus China importierten Klebebandes war so schlecht! Erst ließ sich kein Anfang finden. Schließlich ritze ich mit dem Messer einen Streifen ein,

so dass ich einen Anfang hatte. Nach wenigen Milimetern riss das Klebeband schräg ab. Also knibbeln, aufziehen bis zur ganzen Breite, gerade schneiden. Dieses Mal vorsichtiger ziehen. Abschneiden, aber aufpassen, dass der Anfang nicht wieder verloren geht. Nächste Kante, nächster Streifen. Vorsichtig abziehen, ah Mist, wieder schräg abgerissen. Wieder knibbeln, wieder aufziehen bis zur ganzen Bandbreite, gerade schneiden, etc. Auch die Schere ist nicht von bester Qualität. Sie schneidet nicht gut. Aber ich habe keine andere. Ich habe nicht gezählt, wieviele Kanten eine Box hat, aber es hat sehr lange gedauert bis ich fertig war! Nur weil das Klebeband so eine schlechte Qualität hat.
Unter den schlechten Waren, die fast ausschließlich aus China kommen, leiden hier alle. Farbe, die nach kurzer Zeit abblättert, Fliesen, die sehr schnell brechen, Blechgabeln und Messer, die sich selbst beim Zerteilen, weicher Speisen wie Kartoffeln verbiegen, Bettwäsche, die nach dem ersten Waschen fast komplett Farbe und Muster verliert, Werkzeuge, die nicht stabil sind, etc.
Darum kommt es, dass vieles nach kurzer Zeit schlampig und häßlich aussieht. Das liegt nicht an den Leuten hier, sondern an der schlechten Qualität der Waren.
Unser Solarpanel aus China, bringt nur 50% der Leistung, die angeben ist. Für teures Geld haben wir nun doch noch ein zweites, deutsches Solarpanel gekauft, um überhaupt, Energie zu haben.
Die meisten Leute können sich aber gute Qualität nicht leisten, so dass es ihnen (und auch uns) meistens nichts anderes übrig bleibt, als mit diesen Mängeln und Häßlichkeiten zu leben.
Auch Tansanier hätten es lieber „schön" und zeitsparend, aber es ist hier viel schwerer machbar!

Was ist „ein reiches kulturelles Leben"?

Ich bekomme regelmäßig Besuch von zwei Safariguides, die recht gut Deutsch können, aber gerne mit mir Deutsch Sprechen wollen, um ihre Sprachkenntnisse zu verbessern. Einer von beiden, Marcus, ist sehr fleißig und versucht viel auf Deutsch zu lesen und schreibt alle Wörter und Sätze auf, die er hört oder liest und nicht versteht. So arbeiten wir meistens seine Fragen-Liste ab.
In einem Artikel über ein deutsche Stadt hat er den Satz gelesen: „ Es gibt hier ein reiches kulturelles Leben." Übersetzt hat er den Satz richtig, aber was damit gemeint ist nicht verstanden.
Nun erzähle ich von Kino, Konzerten und Theater. Was Theater ist weiß er schon nicht so richtig und ich finde es auch schwer, das zu erklären. Lesungen, Vorträge, Diskussionsrunden. Letzteres kennt er nur aus dem Fernsehen. Marcus staunt und kann sich doch nicht recht vorstellen, worüber ich rede.
Wir leben nicht auf dem Dorf, Arusha ist eine recht große Stadt, und Marcus ist ein gut ausgebildeter Mann mit viel Kontakt zu weißen Safarigästen. Und trotzdem. Hier zeigt sich, dass Welten zwischen unseren Ländern liegen.
Das „kulturelle Leben" hier besteht daraus, dass man in eine Kneipe mit großem Bildschirm zum Fußball gucken geht. Und wir kennen eine Bar, in der es am Wochenende Live-Musik gibt. Wobei auch in dieser Bar der Bildschirm mit dem Fußball-Spiel attraktiver ist und die Live-Musik nur als Hintergrundgeräusch taugt. Wenige Male kam eine bekannte Band nach Arusha, aber der Eintrittspreis war hoch, so daß wir nicht gegangen sind. Ich kann mir kaum vorstellen, dass der Durchschnitts-Tansanier hingegangen ist.

Marcus kann sich jedenfalls nicht recht vorstellen, worüber ich spreche. Als ich dann noch unvorsichtigerweise die Vermutung ausspreche, dass es in den Kirchen und sogenannten Kirchen, in denen ein selbsternannter Prediger seine Geschichten zum Besten gibt, so voll ist und die Leute so gerne stundenlang zu hören, weil ja sonst nichts los ist, trete ich allerdings in ein Fettnäpfchen. Er gehört selbst so einer freien Kirche an. Und darüber möchte ich mit ihm nicht diskutieren. Weder auf Deutsch noch auf Englisch oder Kisuaheli.

Weihnachtsoratorium

Das Weihnachtsoratorium von Bach ist ja ein Klassiker in der Vorweihnachtszeit in den deutschen Städten. Als ich noch in Berlin gelebt habe, gehörte ein Konzertbesuch dazu wie Plätzchen und Adventskranz. Bis es mir dann doch irgendwann zu viel wurde. Alle Jahre wieder. Ich machte Pause, aber nur eine Pause. Denn jetzt habe ich es wiederentdeckt.
Am 1.Weihnachtstag vormittags um 11.00h auf der schattigen Terrasse sitzend das Weihnachtsoratorium hören, ist sogar ein besonderer Genuß. Es braucht dazu weder Kerzen, noch dunkle Kirchen und Wintermäntel. Funktioniert auch in tropischer Wärme mit wolkenlosem, blauen Himmel.
Was gar nicht funktioniert sind Kerzen. Es ist zu hell und zu warm. Abends könnte man welche anzünden, wenn wir draußen auf der Terasse sitzen, aber das lenkt nur vom wunderschönen Sternenhimmel ab. Auch unseren kleinen Tannenbaum beleuchten wir eher tagsüber.
Wir haben einen künstlichen Tannnenbaum, den ich mit Sternen geschmückt habe. Als James mit einer

Lichterkette nach Hause kam, die aus kleinen, blinkenden, roten Röschen besteht, habe ich erstmal die Augen verdreht. Aber jetzt muß ich sagen, das ist genau das richtige. Bei der Helligkeit nimmt man das blinkende, rote Licht viel besser wahr.
Tannenbaum ist zu Weihnachten in Tansania wichtig. Geschenke gibt es Weihnachten nicht. Geschenke gibt es höchstens zur Hochzeit, sonst eigentlich nie. Aber der Familienvater sollte zu Weihnachten seine ganze Familie von Kopf bis Fuß neu einkleiden. James macht das nicht, er gönnt uns zwischendurch alles was wir brauchen. Aber viele Leute machen das und so ist die letzten zwei Wochen vor Weihnachten die Stadt voller Klamotten. Kleider und Schuhe hängen zu Massen in den kleinen Läden oder sind von Händlerinnen auf einer Plane auf der Straße ausgebreitet und die Leute schieben sich dazwischen durch. Die übervolle Stadt sollte man meiden, genau wie in Deutschland.
Wenn man Freunden eine besondere Aufmerksamkeit zukommen lassen möche, dann verschenkt man großformatige, kitschige Weihnachtskarten mit englischem Text. Häufig ist Schnee drauf zu sehen. Tansania ist ja sowohl ein christliches als auch ein islamisches Land. Auch viele Moslems feiern Weihnachten (also im nicht-religiösen Sinn) und wünschen sich „Frohe Weihnachten"!
Vom Weihnachtsoratorium hat hier allerdings noch nie jemand was gehört. Diese Art von Musik und Gesang fänden die Leute bestimmt sehr fremd. So bleibt es mein kleines Weihnachts-Geheimnis.

Weißes Gold

Staatsbesuche von Präsidenten sollen Regierungen und damit auch ihre Völker einander näher bringen. Doch wenn Chinas Präsident zu Besuch nach Afrika kommt, hat das noch einen ganz anderen Zweck. Bei seinem Besuch in Tansania vor einigen Jahren soll er dermaßen große Mengen an illegalem Elfenbein aufgekauft haben, dass sich der Preis für die Elefantenstoßzähne in der Hauptstadt Daressalam während des Besuchs verdoppelt habe, lese ich in einem Zeitungsartikel. Statt wie üblich 350 US-Dollar seien für ein Kilogramm Elfenbein bis zu 700 Dollar bezahlt worden. Chinesische Händler hätten bereits Tage vor dem Staatsbesuch „viele Kilos" an Elfenbein aufgekauft, die dann in der Präsidentenmaschine außer Landes geschafft worden seien. Da es bei Staatsbesuchen keine Zollkontrollen gibt, ein leichtes Unterfangen.

China und Vietnam sind die wichtigsten Abnehmerländer des Elfenbeins, das auf dem Schwarzmarkt in diesen Ländern 1000 – 1500 USD pro Kilo einbringt. Hier wird es zu Pulver verrieben als Allheil- und Potenzmittel verwendet.

Sowohl China als auch Tansania dementierten die Anschuldigungen.

Nicht dementieren kann man, dass die Zahl der Elefanten in den Jahren 2005 bis 2015 von geschätzten 142.000 Tieren auf 55.000 Tieren landesweit sank.

In unseren tansanischen Nachrichten sehen wir immer wieder mal Berichte, über beschlagnahmtes Elfenbein. 2013 nahm die Polizei in Daressalam drei Chinesen fest, in deren Haus mehr als 700 Elefantenstoßzähne sichergestellt worden waren. Ein Chinese, der 81 Stoßzähne aus dem Land schmuggeln wollte, wurde zu

20 Jahren Haft verurteilt.

Seit 1989 ist der Verkauf von Elfenbein weltweit verboten worden. Doch das Morden in unseren Nationalparks geht weiter. s ist ein offenes Geheimnis, dass hinter den kleinen Wilderern, tansanische Politiker der höchsten Ebenen zu finden sind

In den letzten 5 Jahren töteten Wilderer mehr als 36 Elefanten täglich auf dem afrikanischen Kontinent. In Tansania sank die Zahl der Elefanten in den letzten 5 Jahren um 50%.

Besonders bedroht sind die Elefanten im Selous Wildreservat. Was will schon eine Rangertruppe zu Fuß gegen Wilddiebe in einem Gebiet ausrichten, das so groß ist wie die Schweiz?

Und wenn man doch Erfolg hat, die getöteten Elefanten noch mit ihren Stoßzähnen findet, was dann? Die Asservatenkammern in Daressalam und im Ngorongoro Gebiet sind übervoll. Was tun? Verbrennen, fordern Umweltschützer, wie es auch in den Nachbarländern getan wird. Die tansanische Regierung weigert sich. Es lagern hier geschätzte 150 kg Elfenbein im Wert von 89 Millionen Euro! Man will dieses „weiße Gold" für wissenschaftliche Zwecke und als Beweisstücke in Gerichtsverfahren aufheben. Aber eigentlich hofft man auf eine kurzfristige Aufhebung des Handelsembargos, um das Elfenbein legal zu verkaufen. Diese Ausnahme war 2008 schon eimal für Südafrika, Botswana und Namibia gemacht worden. Man fand allerdings heraus, dass damit auch der illegale Handel und Schmuggel wieder begann.

Wer einmal auf einer Safari diese gewaltigen Dickhäutern hautnah gesehen hat und von seinem Safariguide Erzählungen über die „Seele" von

Elefanten gehört hat, der wird begreifen, dass es sich um lebendige, verwundbare Kreaturen „wie Du und ich" handelt, denen man dieses Leid nicht antun darf.

In diesem Sinne: laßt uns alle Asiaten willkommen heißen und ihnen zeigen, wie beeindruckend diese Tiere in ihrem natürlichen Lebensraum sind, in dem sie uns zu Besuch dulden.

Wie ich nach Tansania kam

Um meinen 50. Geburtstag herum wurde ich unruhig. Es kann schon sein, dass noch 40 Jahre vor mir liegen werden, dachte ich, aber wie viele Jahre werde ich davon noch wirklich fit und unternehmungslustig sein? Die Endlichkeit meines aktiven Lebens wurde mir bewußt. Und die vielen Sachen, die ich noch vorhatte. Besonders Reisen!
In den 18 Jahren in Berlin hatte ich ferne Reisen ziemlich vernachlässigt. Meine Arbeit war herausfordernd und kräftezehrend, und Berlin in den Jahren seit 1995, in denen ich dort lebte, in ständigem Verränderungsprozess und sehr spannend. Ich erkundete jeden Winkel der neuen Metropole und kannte sie am Ende wie meine Westentasche. Auch die neuen Bundesländer wurden von mir an den Wochenenden systematisch erkundet und ihre größeren Städte bereist. Ich mag Natur gerne, aber auch Städtereisen empfand ich immer als sehr anregend.
Nun, um den nicht spurlos an mir vorbei gehenden Geburtstag herum, machte ich mir eine Liste von Städten, die ich bereisen wollte.
Nummer eins auf der Liste war Kapstadt und Anfang des Jahres 2011 wollte ich anfangen, diese Liste „abzuarbeiten".
Im Reiseprospekt eines Veranstalters fand ich eine schöne Rundreise mit Safari, ausführlichem Kapstadt – Programm und am Ende Ausruhen am Meer. Ein Anzeigesystem im Internet zeigte mir an, dass zu meinem gewünschten Reisetermin im März, zu dem ich schon von meinem Arbeitgeber Urlaub erhalten hatte, noch genügend Plätze frei waren. Also keine Eile.
Erstmal habe ich in Ruhe die Weihnachtsvorbereitungen gemacht und dann nach den

Weihnachts- Feiertagen im Internet gebucht. Und ich habe mich auf diese Reise sehr gefreut. Wie ein Schlag traf es mich deshalb am frühen Neujahrsmorgen 2011, als ich nach einigen Tagen mal wieder meine E-Mails öffnete und las, dass diese Reise bereits ausgebucht sei. Die Anzeige im Internet sei leider nicht aktualisiert worden- ein bedauerlicher Fehler.
Ich war wie vor den Kopf geschlagen. Genau diese Reise sollte es sein. Wieder nahm ich den Reiseprospekt und las mir alle angebotenen Südafrika-Reisen durch. Keine war so schön wie „meine" Kapstadt- Reise und keine andere fand außerdem zu meinem genehmigten Urlaubstermin statt. Kein guter Jahresanfang.
Schließlich blätterte ich im Katalog eine Seite weiter. Da stand was von Serengeti. Serengeti, der Name kam mir bekannt vor. Aber ich hätte noch nicht mal sagen können, in welchem Land sie ist. Bezaubert vom Klang des Namens las ich das Programm. „Tiere gucken", einige Landschaften und Städtchen im Land angucken, ausruhen am Meer. Das Programm klang eigentlich genauso gut wie mein Kapstadt-Programm nur ohne Kapstadt. Und das Datum paßte perfekt.
Ok. Warum noch lange überlegen, denn nun wurde es höchste Zeit zu buchen.
Wird schon schön werden!
Und es wurde sehr schön. 18 Tage lang tauchten wir mit einer Reisegruppe von 12 Personen und zwei tansanischen Safariguides in das Leben in Tansania ein. Südafrika kannte ich von einigen Reisen schon ganz gut, aber nun fühlte ich mich „richtig" in Afrika angekommen. Südafrika schien mir doch europäischer zu sein, als das was ich jetzt erlebte.
Und ich dachte plötzlich an die erste Fernreise meines

Lebens, als ich Studentin im ersten Semester war.
Meine Eltern spendierten mir zum bestandenen Abitur eine Flugreise. Eine Freundin von mir gerade hatte eine Arbeitsstelle in Kenia angenommen. So flog ich nach Nairobi, um sie 5 Wochen lang zu besuchen. Es hat mir so gut gefallen und ich hatte beschlossen, bald wieder zu kommen.
Aber es mußten erst 30 Jahre vergehen, bis ich jetzt durch diese Reise auch nur wieder in die Nähe Nairobis kam.
Durch zwei Freundinnen aus meinem Studium, die im Anschluß nach Südafrika gingen und lange dort lebten, kam erst mal Südafrika in meinen Fokus. Ich besuchte sie auf diversen Reisen. Was aber noch fehlte war Kapstadt!
Aber nun war ich in Tansania gelandet. Die Weite des Landes, der Himmel, die Farben, die Fremde, die Natur, die Freundlichkeit der Leute, alles nahm mich gefangen. Während die Teilnehmer meiner Reisegruppe sich über ihre sämtlichen Fernreisen austauschten und die deutsche Politik und anderes Weltbewegendes diskutierten, stellte ich unseren beiden Guides in meinem sehr schlechten Englisch unermüdlich Fragen über das Land und das alltägliche Leben.
17 Abende lang, in den verschiedensten Hotels, aber immer an einem langen, gedeckten Tisch bei immer gleicher Sitzordnung saß ich direkt neben James und Baraka und wir hatten wunderbare Gespräche.
Bis ich eines Tages, ziemlich am Ende der Zeit, zu meinem eigenen Erstaunen entdeckte, daß sich James ziemlich fest in meine Gedanken und Gefühle geschlichen hatte. Oh, bitte, das nicht! Keine Ferienliebe! Die langjährige Beziehung zuhause war am Auseinanderbrechen, aber eine neue Liebe, die wollte ich gewiß nicht.

Ich versuchte Abstand zu James zu halten, aber es gelang nicht. Er suchte meine Nähe. Als wir uns am Flughafen verabschiedeten, wußten wir, dass wir einander sehr fehlen würden.
Als ich nach Hause kam, hatte ich schon eine E-Mail von ihm. Nach einiger Zeit des Mailens, telefonierten wir einmal die Woche, bald zwei mal die Woche, bald täglich. Vor wenigen Jahren wäre diese Art der Kommuniktion nicht möglich gewesen und wir hätten uns wahrscheinlich früher oder später gegenseitig vergessen. Aber im Jahr 2011 war das nicht so.
Er lud mich ein, ihn im September wieder zu besuchen. Wir verbrachten vier herrliche Wochen in wunderschöner Landschaft und mit seinen Freunden und seiner Familie, die mich ins Herz schlossen und ich sie.
Ja, so nahm die Geschichte seinen Anfang, die damit endete, dass ich im September 2013 all mein Hab und Gut verkauft und verschenkt habe und mit zwei schweren Koffern in meine neue Heimat aufbrach.
Ob ich jemals noch nach Kapstadt komme?

Z wie zuende

Meine persönliche Geschichte wie ich nach Tansania kam soll die letzte Episoden in diesem Buch sein. Ich hoffe, dass Sie, meine Leserinnen und Leser dieses Buch gerne gelesen haben. Ich würde mich über Rückmeldungen freuen. Vielleicht hat ja jemand Ähnliches erlebt, vielleicht ist jemand ganz anderer Meinung als ich und vielleicht gibt es auch Korrekturen. Ich kann nur immer wieder betonen, dass alles was ich geschrieben habe, meine ganz persönlichen Erlebnisse und meine ganz persönliche Sicht auf die Dinge ist.
Verallgemeinerungen wie es leider einige Reiseführer und Kulturführer über Tansania tun, lehne ich entschieden ab.

Das Land ist so groß und so vielfältig. Was ich beschreibe, kann nur ein kleiner Ausschnitt sein. Über Zuschriften freue ich mich unter www.brigittajames.wordpress.com.

Kwa heri! Auf Wiedersehen!

Und ein Nachtrag: Wer Lust hat und es noch nicht kennt, dem sei mein erstes Tansania – Buch empfohlen. Es heißt "Kila Kitu Sawa - Mein tansanisches Tagebuch" (ISBN 978-3-7407-1121-4) und ist auch bei Book on Demand erschienen.